Vorwort

„Kunst soll Spaß machen - Kunst soll anregen.“

Das war der Leitsatz, unter den ich die Arbeit für diese Handreichungen gestellt hatte. Die Stundenbilder, Tafel- und Folienvorlagen, die Arbeitsblätter und Gestaltungsaufgaben, sowie die dazugehörige Serie von Farbfolien sollen Ihnen helfen, gemeinsam mit Ihren Schülern Kunstwerken zu begegnen, Bilder zu erleben und Interessantes über den Künstler, seine Arbeitsweise, sein Werk und sein Leben zu erfahren. Die Arbeitsmaterialien lassen sich lehrplanunabhängig problemlos für die Gestaltung ganzer Unterrichtseinheiten als auch zur Differenzierung verwenden.

Hier noch ein paar kleine Anregungen zur Unterrichtsgestaltung:

'Schnelle Bilder' kennen die Schüler vom Fernsehen zur Genüge. Lassen Sie ihnen die nötige Zeit, sich das Bild in Ruhe anzusehen, es in sich aufzunehmen und sich darüber Gedanken zu machen.

Ein Bild ist wie ein großer Spielplatz, auf dem es viel zu entdecken gibt. Gemeinsam findet man viel mehr, als sich der oberflächliche Betrachter träumen läßt.

Farben, Formen und Gestaltungstechniken sind die Fingerabdrücke des Künstlers, sie sind meist wichtiger als eine Vielzahl von Daten zu seinem Leben.

Bilder verraten uns oft, was den Künstler bewegt hat. Manchmal ist es spannend wie ein Krimi. Gönnen Sie sich und Ihren Schülern dieses Vergnügen.

Ein Bild kennenlernen heißt oft auch, sich in die Situation der Menschen auf dem Bild, oder sich an die Stelle des Künstlers zu versetzen. So wir das Bild erlebbar.

Bilder sollten nicht zerredet werden. Zu viele Informationen lenken vom Wesentlichen ab.

Bilder sollen zu eigenem Tun motivieren. Es ist nur die halbe Miete, Bilder zu analysieren und zu interpretieren. Erst der gestaltende Umgang mit Arbeitstechniken, Details und Gestaltungstechniken macht das Kunstwerk erlebbar.

Nutzen Sie alle Möglichkeiten, die Ihnen zur Verfügung stehen. Die Tafel ist ein wunderbares Medium, den Rohaufbau eines Bildes gemeinsam zu erarbeiten. Der Tageslichtprojektor bietet Ihnen die Möglichkeit, das Kunstwerk wirklich goß zu sehen, bzw. Wichtiges durch den Einsatz von Overlayfolien herauszuarbeiten. Der Kopierer ermöglicht Ihnen nicht nur Arbeitsblätter zu vervielfältigen, sondern auch Gestaltungsaufgaben vorzugsweise in das Format DIN A 3 zu vergrößern

Klaus Rupprecht

STUNDENBILDER für die SEKUNDARSTUFE

HANS RUPPRECHT

Begegnung mit Kunstwerken

5./6. Jahrgangsstufe

ISBN 3-89291-761-2

Vom selben Autor für die Orientierungsstufe:

Minutenübungen

Deutsch:	☐ Wortschatz 5
	☐ Wortschatz 6
Mathematik:	☐ Rechnen 5
	☐ Rechnen 6

Kopierhefte

Deutsch:	☐ So macht Aufsatz Spaß
	☐ Rechtschreiben 1
	☐ Rechtschreiben 2
Mathematik:	☐ Sachaufgaben 5./6.
	☐ Fit mit Tricks/Textaufgaben
	☐ Maßeinheiten 5./6.
	☐ Bruchrechnen 1
	☐ Bruchrechnen 2

Unterrichtspraxis

Deutsch:	☐ Rechtschreiben 5./6.
	☐ Wochennachschriften & Diktate 5.
Mathematik:	☐ Mathematik 5.
	☐ Mathematik 5./Spiele & Übungen
	☐ Geometrie 5.
	☐ Geometrie 6.

Stundenbilder

Deutsch:	☐ Aufsatz 5./6. Bd. 1
	☐ Aufsatz 5./6. Bd. 2
Biologie:	☐ Biologie 5.
Physik/Chemie:	☐ Physik/Chemie 6.

Inhaltsangabe

Vorwort	3
Inhaltsangabe	5
Stichwortverzeichnis	6
Höhlenmalereien	7 - 12
Albrecht Dürer	
Das große Rasenstück	13 - 24
Pieter Bruegel d. Ä.	
Die Rückkehr der Jäger	25 - 30
Katsuhika Hokusai	
Unter der Welle von Kanawaga	31 - 38
Caspar David Friedrich	
Kreidefelsen auf Rügen	39 - 46
Vincent van Gogh	
Blick auf Arles	47 - 51
Die Ebene bei Auvers	52 - 56
Paul Signac	
An der Seine	57 - 66
August Macke	
Leute am blauen See	67 - 72
Franz Marc	
Der Tiger	73 - 82
Antike - Renaissance - Goldener Schnitt	83
Klassizismus - Romantik	84
Drucktechniken	85
Holzschnitte	86
Der Blaue Reiter	87
Kunst ist frei/'Entartete Kunst'	88

Stichwortverzeichnis

Abstraktion 73f
Antike 83
Bäume 28
Bernard 47
Bruegel 25ff
Cezanne 57
Degas 57
Der Blaue Reiter 87
Drucktechniken 85
Dürer 13ff
Farben 11
Felsen 43f
Flachdruck 85
Friedrich, C.D. 39ff
Gauguin 47
Gogh, V. van 47ff
Goldener Schnitt 83
Gräser 20
Harmonie 62
Hochdruck 85
Höhlenmalereien 7ff
Hokusai 31ff
Holzschnitte 13, 85f
Hunde 30
Impressionisten 31, 57, **65**, 73
Jagdzauber 8
Japanische Kunst 31
Jawlensky 87
Kandinsky 87
Kästner 88
Katzen 78
Klassizismus 84
Kupferstiche 13, **85**
Licht und Schatten 70f
Macke 67ff
Marc 73ff
Maske 80f
Monet 57
Pointillismus 57, 65
Primärfarben 57, 63f
Pissarro 47
Renaissance 13, **83**
Renoir 57
Romantik 39, **84**
Schattenspiel 38
Sekundärfarben 57, 63f
Seurat 57
Signac 57ff
Sisley 57
Steinzeitfarben 11
Stiche 25, **85**
Sucher 61
Tiefdruck 85
Tierbilder 73
Toulouse-Lautrec 47
Waggerl 22
Wasserfahrzeuge 36

In der Steinzeithöhle

Am frühen Nachmittag des 12. September 1940 streiften die vier Jungen Marcel, Georges, Jacques und Simon mit ihrem kleinen schwarzen Hund Robot ziellos durch die Hügellandschaft in der Nähe ihres Dorfes Lascaux in Südfrankreich.
Plötzlich war der Hund weg. Er war keine zehn Schritte entfernt von ihnen gelaufen und nun war er spurlos verschwunden. Sofort machten sie sich auf die Suche. Schließlich entdeckten sie ein kleines Loch im Boden. Sie warfen einen Stein hinein, es dauerte ziemlich lange, bis er aufschlug. Das konnte nur eine der vielen Höhlen sein, von denen ihnen der Lehrer schon oft erzählt hatte. Mit dem Taschenmesser vergrößerte Marcel das Loch so weit, daß er sich vorsichtig hineinzwängen konnte. Zum Glück hatte er eine Taschenlampe dabei. Entschlossen schob er sich immer weiter hinein in das dunkle Loch. Plötzlich hörten die Jungen Gepolter und gleich darauf kullerten Steine, dann war es still. Die drei sahen sich betroffen an. „Abgestürzt“, flüsterte Georges. Da hörten sie schwach einen Ruf, der dumpf aus dem Erdloch kam: „Robo-o-o!“ Neugierig zwängten sie sich nun auch in das enge Loch im Boden. Ein paar Meter ging es flach dahin, dann abwärts. Vorsichtig tasten sie sich in der Dunkelheit weiter, da sahen sie Marcel stehen, mehr als fünf Meter tiefer. Im schwachen Lichtkegel der Taschenlampe kletterten sie zu ihm. Zur großen Überraschung aller kam auch der kleine Foxterrier laut kläffend angerannt. Nun waren sie also alle wieder glücklich zusammen. Voll Spannung gegannen sie, die Höhle, ihre Höhle zu erforschen. Sie durchquerten eine große Felsenhalle, dann kamen sie zu einem schmalen Durchgang, der ziemlich hoch war. „Pferde!“ rief Simon, „da sind ja Pferde an der Decke!“ Sie leuchteten nun die Decke ab. Und wirklich, da waren Pferde, eine ganze Herde rotbrauner Pferde und dann sahen sie auch Kühe und Hirsche. Alles sah so echt aus, daß sie nach den Tieren faßten. Die Tiere aber waren kalt, so kalt wie der Stein auf den sie gemalt waren, und doch, sie wirkten so echt aus. Nur, sie sahen etwas ungewohnt aus, die Hirsche hatten ein viel zu langes, kerzengerades Geweih und die gewaltigen, zottigen Rinder hatten Hörner, länger als ein Arm. Die Jungen waren in heller Aufregung, sie hatten eine Bilderhöhle entdeckt. Das Licht ihrer Taschenlampe wurde bedrohlich schwächer und so machten sie sich auf den Rückweg. Bevor sie heim gingen, schworen sie sich, vorläufig keinem Menschen von ihrer Entdeckung zu erzählen. Am nächsten Tag kletterten sie wieder, dieses Mal aber alle mit Taschenlampen ausgerüstet, durch das enge Loch in ihre Höhle. Überall sahen die staunenden Kinder Tiere, die so echt aussahen, daß sie kaum glauben konnte, daß sie nur gemalt waren. In einer Gruft lag auch ein Mensch. Er war nach hinten gefallen und hatte die Arme weit ausgestreckt. Vor ihm war ein riesiger Stier mit langen Pelz, und in ihm steckte ein langer Speer. Das war zu unheimlich. Schnell verließen die Abenteuerer die Höhle.

Wie könnte die Geschichte weitergehen?

Steinzeitmenschen: Höhlenmalereien (30 000 bis 10 000 v. Chr.)

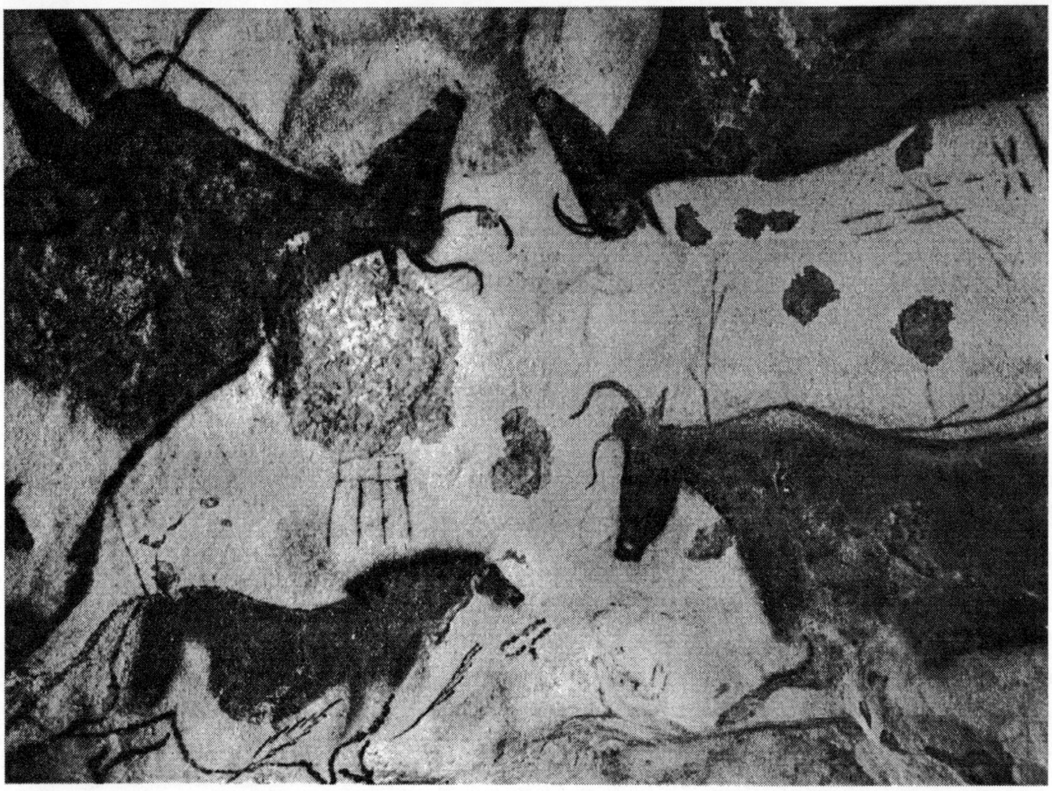

Deckenbemalung der Längsgalerie von Lascaux bei Montignac, Dép. Dordogne, Frankreich.

Tafelbild:

Steinzeitmenschen: Höhlenmalereien (30 000 bis 10 000 v. Chr.)

In Südfrankreich und im Norden Spaniens hat man viele Höhlen mit Malerein der Steinzeitmenschen gefunden.

Welche Tiere lebten damals?

- *Wildpferde*
- *Rentiere*
- *Bären*
- *Urrinder*
- *Wisente*
- ...

Welche Farben gab es damals?

- *Lehm = gelb*
- *Erde = braun*
- *Blut = rot*
- *Asche = schwarz / grau*
- *Holzkohle = schwarz*
- *Beeren = blau*

Jagdzauber:

Das Leben der Steinzeitmenschen hing von den Tieren und vom Jagdglück ab. Die Jäger wollten die Tiere verzaubern, um bei der anschließenden Jagd erfolgreich zu sein.

Stundenskizze:

Methode	Inhalte
1. Hinführung	
AB	*Lesestück 'In der Steinzeithöhle'*
2. Bildbetrachtung	*Beschreibe das 1.Bild!*
Farbfolie	*SS: Drei riesige Rinder mit langen Hörnern und ein Wildpferd sind auf die Höhlendecke gemalt*
	Betrachte das zweite Bild, du kennst es aus unserer Geschichte!
	SS: Der gefallene Mann und der riesige Stier mit dem Speer ...
	Stelle dir die Situation vor. Was könnte geschehen sein?
	SS: Der Jäger hat den Stier mit seiner Lanze getroffen. Der wilde Stier hat den Jäger angegriffen und zu Boden geworfen ...
3. Situationsanamnese	*Die Höhle von Lascaux ist nicht die einzige, in*
TA	*der man Höhlenmalerein gefunden hat. ...*
	Welche Tiere lebten damals?
TA	*SS: Wildpferde, ...*
	Damals gab es noch keine Malkästen. Stelle dir vor, du bist ein Steinzeitjäger, was kannst du als Farben verwenden?
TA	*SS: Lehm, Erde, Blut ...*
	Welche Farben erhältst du so?
	SS: rot, gelb, braun ...
	Die Menschen kannten noch keine Pinsel!
	SS: Sie zeichneten mit Holzkohlestückchen, benutzten die Finger, angekaute Zweige, Fellstücke ...
	Wie jagten die Menschen damals ihre Beute?
	SS: Mit Speeren, Pfeil und Bogen, Lasso, Fallgruben ...
	Warum malten die Jäger ihre Beute an die Wand?
UG/TA	*SS: Jagdzauber ...*
4. Gestaltungsaufgabe	*Blatt ganz mit Wasserfarben in hellen Ockertönen einfärben - trocknen lassen - mit 'Steinzeitfarben' Tiere, evtl.auch Menschen aufmalen. Alle Bilder zusammenlegen / heften = Höhlenwand für eine Zimmerwand*

Von der Höhlenwand zur Leinwand

Die Malereien an den Kalksteinwänden der Höhlen im Südwesten Frankreichs (Lascaux u.a.) und im Norden Spaniens (Altamira u.a.) entstanden vor ca. 25 000 Jahren. Forschungen ergaben, daß die Künstler der Vorzeit zuerst mit Feuerstein den Umriß in die Wand ritzten.. Als Farben verwendeten sie, was sie in ihrer Umgebung fanden. Braune, gelbe und rötliche Farben verschafften sie sich, indem sie eisenhaltige Mineralien zwischen Steinen zerrieben und dieses Farbpulver mit Pflanzensäften, Tierblut oder Fett mischten.Schwarze Farbe konnte aus Ruß oder Holzkohle hergestellt werden, weiße aus Kalk oder Kreide. Die Höhlenkünstler trugen ihre Farben wahrscheinlich mit den Fingern auf, mit Moosbällchen, mit angekauten Zweigen oder mit pinselartigen Werkzeugen aus Pelz und Federn.

Steinzeitfarben selbstgemacht

Dazu brauchst du ein Stück Kreide, oder etwas trockenen Lehm, oder ein Stück Holzkohle. Zermahle diese Grundstoffe zu einem ganz feinen Pulver. Füge tropfenweise Speiseöl hinzu und rühre so lange, bis die Mischung glatt ist. Fertig ist die Farbe. Besonderen Spaß macht es, wenn du diese Naturfarben mit Steinzeitwerkzeugen aufträgst. Viel Vergnügen!

Bis vor gar nicht langer Zeit wurden die meisten Farben aus natürlichen Stoffen gewonnen: aus Erden (z.B. Siena, Ocker, Umbra), Wurzeln (z.B. Indigo), Steinen (z.B. Deckweiß, Ultramarin) , Metallen (Zinnober, Bleiweiß) oder getrockneten Insekten (Purpur, Karmin).
Zur Herstellung von Farben muß der Rohstoff zuerst zu feinem Pulver zermahlen werden. Dieses 'Pigment' wird mit einem Bindemittel vermischt, das bewirkt, daß die kleinen Farbteilchen auf dem Malgrund haften bleiben. Als Bindemittel verwendet man bestimmte Öle, Pflanzengummi, Leim, Eiweiß u.a.

Heute werden viele Pigmente künstlich hergestellt.

Wasserfarben: blaß und durchscheinend

Plakafarben: stark deckend, matt

Temperafarben: deckend

Ölfarbe: trocknen langsam

Aquarellfarben: durchscheinend

Acrylfarben: trocknen schnell

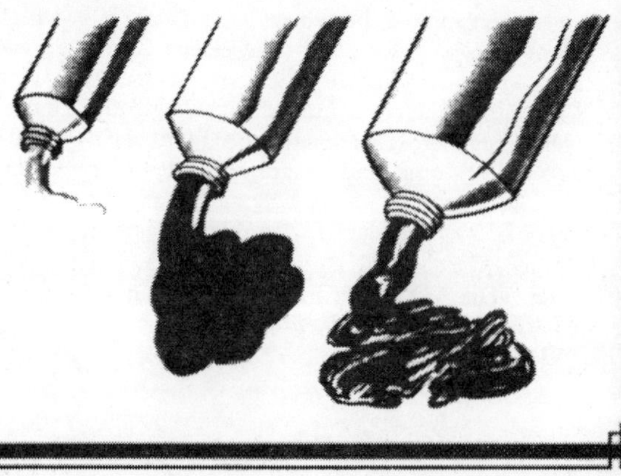

Die Lektüre zur Steinzeit/Höhlenmalerei

Traumhöhle: In ihr ist der fünfzehnjährige Ben gefangen, nachdem ihn eine giftige Schlange gebissen hat. Ein solcher Biß erweitert das Bewußtsein, wissen die Indianer in der Wüste Arizonas, in der Bens Onkel Ausgrabungen leitet. So durcheilt Ben drei Phasen der Menschheitsgeschichte: Er jagt mit den Ureinwohnern Amerikas, kämpft an der Seite indianischer Bisonjäger und lebt unter den ersten seßhaften Menschen. Jedesmal erfährt er den Verlust eines geliebten Menschen, so wie es ihm auch kürzlich in der Wirklichkeit geschah. Als er wieder zu Bewußtsein gelangt, helfen ihm die Erfahrungen jener Traumerlebnisse, mit der Gegenwart fertig zu werden.

In der Auswahlliste zum Deutschen Jugendliteraturpreis

dtv junior

So beginnt die abenteuerliche Geschichte:

Die Wüstensonne brannte auf die Männer herab, die neben der Erdhöhle saßen. Sie trugen breitkrempige Schlapphüte und Halstücher um ihren sonnenverbrannten Nacken. Einen ganzen Tag lang hatten sie da unten mit Hacke und Hammer gegraben und geklopft und waren gerade ans Tageslicht gekommen. Ein Junge, auch mit Schlapphut, hockte neben ihnen, war aber offenbar an der archäologischen Arbeit und der Ausbeute an Feuerstein- und Scherbenfunden nicht sehr interessiert. Er kauerte da mit gesenktem Kopf und ließ seine Finger spielerisch durch den Sand gleiten, während die andern über die aufregende Entdeckung von gestern sprachen: In einem abzweigenden Gang der Höhle hatten sie an der Wand die Abdrücke dreier Hände gefunden, bei denen jeweils mehrere Finger fehlten.

Ben, der Junge, schaute auch nicht auf, als sein Onkel, ein großgewachsener, grauhaariger Mann mit wettergegerbtem Gesicht, mit den andern über die Bedeutung der Hände rätselte. Einer meinte, das Ganze hätte vielleicht zu einem Ritual gehört. »Möglicherweise eine Art Volkszählung«, sagte ein anderer. »Oder die Zeichen von drei Häuptlingen«, warf ein dritter ein.

Schweigen.

Dann sagte jemand: »Abgeschnittene Finger, vielleicht eine Opfergabe für die Götter?« Ein anderer bestätigte, daß es so etwas in einer vorzeitlichen Kultur gegeben hätte. »Nur von linken Händen«, widersprach einer. »Aber hier haben wir es nur mit rechten Händen zu tun.«

Mit einem Stecken zeichnete Bens Onkel eine Hand in den Sand. »Mittel- und Ringfinger fehlen.« Er zeichnete eine zweite Hand. »Kein Zeigefinger und kein kleiner Finger hier.« Bei der dritten Hand sagte er: »Ohne Daumen, Mittel- und Ringfinger.« Er schaute seine Kollegen an. »Die Anzahl der Finger und ihre Stellung weisen vielleicht auf ein Zählsystem hin.«

Wieder Schweigen.

Und so endet sie:

»Ich glaube nicht, daß jemand meine Erlebnisse als wirklich erlebt akzeptiert«, meinte Ben. Dennoch hoffte er insgeheim, seinen Onkel noch überzeugen zu können. Deshalb fragte er, ob die Archäologen jetzt herausgefunden hätten, was die Hände mit den fehlenden Fingern an der Tunnelwand in der Höhle wirklich bedeuteten.

Es sei ihnen immer noch ein Rätsel, gab sein Onkel zu.

»Also dann sagst du ihnen folgendes.« Ben erklärte ihm, daß die Hände verschiedene Jagdsippen darstellten; daß Anzahl und Stellung der erhobenen Finger Symbole waren, die auf das Tier hinwiesen, das der Sippe seinen Namen gab; daß nach der Einweihung neuer Jäger der Umriß ihrer rechten Hand mit der entsprechenden Fingerstellung auf einer Wand aufgezeichnet wurde.

Sein Onkel schaute einen Augenblick lang von der Straße weg zu ihm. »Ben, das hast du wohl irgendwo gelesen?«

»Das habe ich nirgends gelesen. Du vielleicht?«

Sein Onkel lächelte etwas hilflos. »Bestimmt nicht. Deine Erklärung ist jedenfalls genausogut wie jede andere, die ich kenne.«

Ben beschrieb dann ganz genau die große Gestalt, die nahe bei den Handabdrücken oben auf der Wand gemalt gewesen war. »Es ist der Jagdgott. Der-Immer-Da-Ist.«

Sein Onkel bremste den Wagen ab und schaute Ben scharf an. »Junger Mann, wenn du recht hast, wenn wir diese Wandmalerei finden oder etwas Ähnliches, dann widme ich dir den Bericht über unsere Höhlenfunde.«

Ben lachte. Es war ein befreites Lachen.

Was Ben in der Zwischenzeit alles erlebt, liest du am besten selber nach. Viel Vergnügen!

Der Künstler :
sein Leben - sein Werk

Albrecht Dürer

(1471 -1528)

Albrecht Dürer wurde am 21. Mai 1471, als Sohn eines aus Ungarn stammenden, und seit 1455 in der wohlhabenden Stadt Nürnberg ansässigen Goldschmiedes geboren. Schon während er in der Werkstatt seines Vaters die Goldschmiedekunst erlernte, begann er auf eigene Faust zu malen. Der Vater widersetzte sich zunächst dem Wunsch des Jungen, Maler zu werden. Er gab aber schließlich nach und schickte seinen Sohn zu Michael Wolgemut, einem angesehenen Nürnberger Maler und Holzschneider, in die Lehre. Nach Ablauf der dreijährigen Lehrzeit „schickte mich mein Vater hinweg auf Wanderschaft, und ich blieb vier Jahre außen, bis daß mich mein Vater wieder forderte". 1494, gleich nach der Rückkehr gründete der nunmehr Dreiundzwanzigjährige einen eigenen Hausstand; er heiratete Agnes Frey, die Tochter eines wohlhabenden Nürnberger Bürgers, die ihm der Vater ausgesucht hatte. Die Ehe blieb kinderlos. Bald nach der Eheschließung brach über Nürnberg die Pest herein. Wer konnte, verließ die Stadt. So auch Dürer. Er wandte sich nach Oberitalien. Besonders in Venedig beeindruckte ihn die neuere italienische Kunst, die Renaissance ☞. Wieder in der Heimat machte er sich bald selbständig. Bald wurde er durch seine Altarbilder, Bildnisse und Holzschnitte ☞ berühmt. Von 1505 bis 1507 hielt sich Dürer wohl auch, um der erneuten Pestepidemie in seiner Heimatstadt, zu entgehen, wieder in Oberitalien auf. Er nutzte die Zeit, um von den italienischen Künstlern zu lernen. Nicht lange nach seiner Heimkehr kaufte sich der Künstler ein stattliches Haus (das heutige Dürerhaus). Es fehlte ihm nicht an Aufträgen zu Gemälden, seine Holzschnitte und Kupferstiche ☞ fanden guten Absatz, und Kaiser Maximilian nahm ihn für ein jährliches Gehalt von 100 Gulden in seinen Dienst. Inzwischen war Dürer durch die Aufstellung einer Druckerpresse in seinem Haus auch sein eigener Verleger geworden. Den Höhepunkt in Dürers Leben bildete eine Reise in die Niederlande im Jahre 1520. Er begegnete dort den berühmtesten Gelehrten und den bedeutensten Malern. Ein Ausflug nach Seeland bescherte ihm eine Krankheit (wahrscheinlich Malaria), die allmählich seine Kräfte schwinden ließ, und ihm im Alter von 57 Jahren den Tod brachte.

Albrecht Dürer: Das große Rasenstück (1503)

Tafelbild:

Albrecht Dürer:
Das große Rasenstück

Sein Schaffen:

- Holzschnitte
- Kupferstiche
- Naturstudien
- Zeichnungen
- Marien- und Altarbilder
- Bildnisse und Selbstbildnisse
- Landschaftsbilder

Im Mittelalter gab es nur die Darstellung von christlichen Inhalten. Die Natur diente nur als Hintergrund.
Albrecht Dürer wagte zum erstenmal in der Geschichte der Kunst die Darstellung eines menschenleeren Landschaftsbildes.

Das Rasenstück ist so genau gemalt, daß man jede einzelne Pflanze, sogar jeden Grashalm genau erkennen kann.

Stundenskizze:

Methode	Inhalte
1. Hinführung TA	Heute werden wir über den wohl berühmtesten deutschen Maler sprechen: Albrecht Dürer.
2. Lebenslauf AB	L. erzählt oder Arbeit mit AB. - Rolle des Vaters - Ausbildung - Reisen - Mittelalter
TA	Kunst im Mittelalter als Darstellung religiöser Inhalte; Natur als Hintergrund - Pest - Erfolg
3. Vielfältiges Schaffen AB/TA	L. erzählt und/oder Einsatz AB/Fixierung vgl. Tafelbild
4. Bildbetrachtung Farbfolie	Beschreibe das Bild! SS: Gras, Pflanzen, ... Dürer wagte zum erstenmal in der Geschichte der Kunst die Darstellung eines menschenleeren Landschaftsbildes. Beschreibe das Bild! SS: Im Vordergrund Erde, der ganze Mittelbereich nur verschiedene Gräser ... Welche Pflanzen kannst du erkennen?
evtl. AB 'Kennst du ...'	SS: Gräser, Löwenzahn, Wegerich ... Warum kannst du die Pflanzen so genau unterscheiden? SS: Dürer hat sehr genau gemalt, fast wie ein
TA	Foto
5.Quaestive Phase	Ihr könnt euch vorstellen, daß man dieses Bild auch mit anderen Augen sehen kann; als Kunstliebhaber, als Grundstücksmakler, als
GrpA	Landwirt, als Großstadtkind, als Hausmeister! Denke an einen Sommertag und an eine Wiese! SS: Man könnte spielen, im Gras liegen, ...
6. Gestaltungsaufgaben	

Es wird langsam Sommer und dein Bild soll fertig werden.

Dir fehlen nur noch die Löwenzahnblüten. Ergänze sie!

Das ist eine schwarz-weiß Kopie von Dürers Bild 'Großes Rasenstück'. Unten fehlt ein Teil! Wie wäre es, wenn du z.B. unten Blumen und Gräser, vielleicht auch einen Hasen oder Käfer und oben Schmetterlinge hinzufügen würdest? Versuche es doch einfach!

'Schlüsselblumen' gezeichnet nach einem Aquarell von A.Dürer

Vorlagen

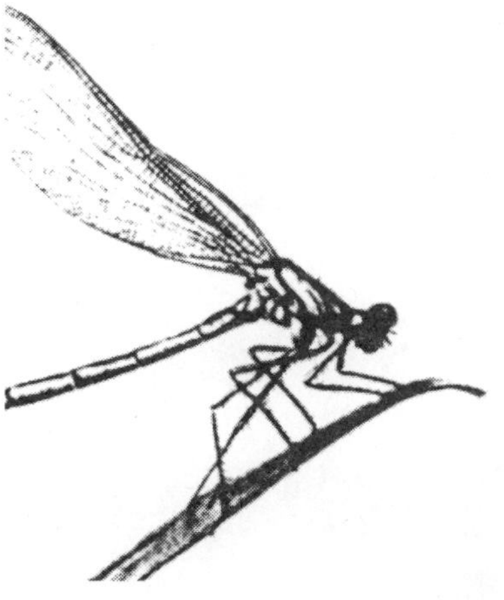

Kennst du dich aus?

Die großenBlätter des Wegerichs brauchen Farbe!

Du weißt, daß es verschiedene Grüntöne gibt. Verwende sie!

Die Wiese

Es ist ein prächtiger Tag, Sonne vom frühen Morgen an, manchmal ein kleiner Regen dazwischen, ein lautes Geriesel aus dickbäuchigen Wolken. Wachswetter ist das, die Obstbäume stehen prall und steif im Übermaß der Blüten, und wenn der Wind ihre Kronen schüttelt, schwirrt eine Wolke von Bienen heraus. Viele davon sind so benommen, daß sie einfach ins Gras fallen oder sonst irgendwo landen. Da sitzen sie dann und sind ein bißchen wirr im Kopf. Sie versuchen die Flügel, und plötzlich stäuben sie wieder davon, es ist jetzt keine Zeit zu verlieren.

Und meine Wiese blüht von Tag zu Tag reicher auf, sie trägt schon alle Farben des Sommers. An den Zäunen wuchert die Nessel in dichten Büschen. Kein anderes Kraut ist so saftig grün und so fest in seinem ganzen Bau. Jahr für Jahr drängt der Pflug Steine und Wurzelwerk aus dem Acker, das Unkraut nistet sich ein und was sonst den trockenen Boden liebt, Salbei und Minze und die krausen Disteln. Ich löse mit dem Finger das fadendünne Geflecht der Sternmiere aus dem Gras, Hirtentäschchen finden sich, Augentrost und die haarigen Blattbecher vom Frauenmantel, jeder sauber gefaltet, mit einem klaren Tropfen Tau auf dem Grunde.

Das Gras blüht aus, ein paar kurze Tage vergehen noch, dann fängt die Heumahd an. Nur das Korn bleibt stehen, die ehrbare Frucht, sie allein überdauert den Sommer. Die Ähren neigen sich schon und setzen Körner an, und die mannshohen Halme färben sich gelb. Zwar blüht die Wiese später noch einmal auf, aber das ist nichts Großartiges mehr, nur Schierling und Knäuelgras und die ärmlichen Blumen des Herbstes.

Eines Abends setzt sich der alte Michael an den Dengelstock und fängt an, die Sensen zu schärfen. Er hat lange gewartet und die richtige Zeit ausgesucht. Es kann sein, daß das Wetter jetzt eine Woche hält, dann bringt er das Heu frisch vom Boden weg in die Scheune, eine Unmenge Heu in diesem gesegneten Jahr. Wir werden uns mächtig ins Zeug legen vom grauen Morgen an, vielleicht noch einen Mann dazunehmen.

Im grauenden Tag hole ich die Sense aus dem Haus. Ich prüfe die Schneide mit dem Daumennagel und schärfe sie noch einmal. Das gibt einen hellen, kriegerischen Klang in der Morgenkühle. Dann hole ich weit aus, und die grüne Mauer fällt vor mir zusammen.

Karl Heinrich Waggerl

Albrecht Dürer - sein Werk

Dürer schuf ca. 350
Holzschnitte
'Große Passion'

Einer von etwa 100
Kupferstichen
'Ritter, Tod und Teufel'

In seinen zahlreichen
Naturstudien
bemühte er sich um eine möglichst genaue Wiedergabe. 'Akelei'

Unzählige **Zeichnungen**
entstanden - oft als Vorlage für Bilder. 'Betende Hände'

Einige der berühmtesten
Marien- und Altarbilder
stammen von ihm.
'Maria mit Kind'

Dürer schuf einige
Bildnisse und Selbstbildnisse.
'Bildnis seines Vaters'

Die meisten seiner
Landschaftsbilder malte er in der Aquarelltechnik.

Das Weiherhaus

»Das müsse ein gar spröder Verstand sein,
der sich nicht traut,
auch etwas Weiteres zu erfinden,
sondern liegt allwegen auf der alten Bahn,
nur andere imitiert und nicht den Mut hat,
weiter nachzudenken.«

Albrecht Dürer

Der Künstler :
sein Leben - sein Werk

Pieter Bruegel d.Ä.

(zwischen 1528 und 1530   †1569)*

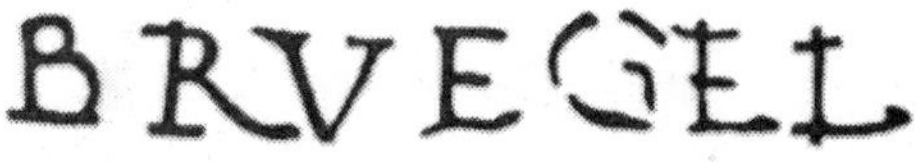

Pieter Bruegel d.Ä. wurde zwischen 1528 und 1530 bei Breda in den Niederlanden geboren. 1551 wurde er Mitglied der Malergilde von Antwerpen. 1552 bis 1554 reiste er nach Italien. Seine Reise war über Lyon gegangen und hatte ihn bis nach Messina (Sizilien) geführt, dann über Neapel nach Rom, wo er bei einem berühmten Miniaturmaler arbeitete. Zurück in Antwerpen, arbeitete Bruegel zunächst bei einem Verlag, der eine Serie von Stichen ☞ nach Landschaftszeichnungen seiner Italienreise herausgab. 1563 ging der Maler nach Brüssel (Belgien) und heiratete dort seine Frau Mayken, mit der er die beiden Söhne Pieter d.J. und Jan d.Ä., die auch Maler werden sollten,bekam. Bruegel war zu seinen Lebzeiten ein bekannter, geschätzter und wohlhabender Mann. 1569 starb er in Brüssel.

Zu Beginn seines Schaffens fertigte Bruegel vorwiegend Stiche von Landschaften, aber auch ironisch-witzige Darstellungen menschlicher Laster und Schwächen. Er begann Ölbilder zu malen auf denen Sprichwörter dargestellt waren. Damit wollte er die Dummheit und die Sündenhaftigkeit der Menschen aufzeigen. Weiterhin schuf der Künstler Bilder, die sich mit dem Dämonischen und mit Themen der christlichen Glaubenswelt befaßten. Bekannt wurde er aber durch Bilder, die das ländliche Bauernleben zum Inhalt hatten. Das brachte ihm den Beinamen 'Bauern-Bruegel' ein.

„Er arbeitete viel für den Kaufmann Hans Franckert, der ein wohlhabender und braver Mann war und gern mit Bruegel verkehrte und täglich mit ihm zusammenkam. Mit diesem Franckert ging Bruegel oftmals hinaus zu den Bauern, zu Kirmes und Hochzeit. Als Bauern verkleidet brachten sie Geschenke wie die anderen, vorgebend, sie gehörten zu der Sippe der Braut. Dabei ergötzte sich Bruegel daran, die Bauern in ihrer Art zu essen, trinken, tanzen, springen und lieben zu beobachten, was er sehr lustig und gefällig in Farben wiederzugeben verstand ...“
(Carel van Mander, 1604)

P. Bruegel d.Ä.: Die Rückkehr der Jäger (1565)

Die Jäger im Schnee (Januar), Wien, Kunsthistorisches Museum

Tafelbild:

Pieter Bruegel d. Ä.
Die Rückkehr der Jäger

Die **Jäger** *und ihre* **Hundemeute** *kehren von der Jagd zurück.*

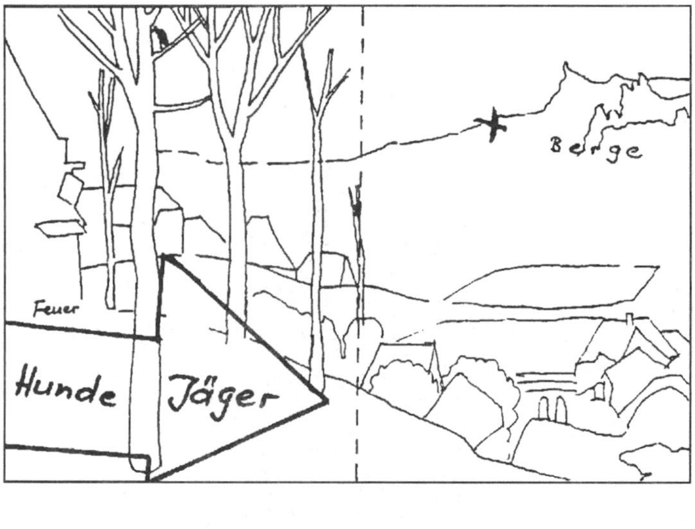

Menschen *spielen auf dem Eis - transportieren Holz ...*

Winterlandschaft:

Kahle Bäume, schneebedeckte Landschaft, Schlittschuhläufer ...

Stundenskizze:

Methode	Inhalte
1. Hinführung	*Es ist Winter und drei Jäger kehren von der Jagd zurück. Wie würdest du diese Szene malen?* *SS: Schnee, Hunde, Wald, ...* *Pieter Bruegel der Ältere, ein niederländischer Maler, hat diese Szene vor mehr als 400 Jahren gemalt.*
2. Bildbetrachtung *Farbfolie*	*Beschreibe das Bild!* *SS: Drei Jäger und ihre Hunde kommen von links. Sie stapfen durch den Schnee. ...* *Wie wirken die Jäger auf dich?*
TA	*SS: Müde, erschöpft, wollen heim ...* *Vor 400 Jahren hatten die Jäger noch keine Gewehre.* *SS: Sie haben Lanzen und Bogen* *Die Jäger waren nicht alleine unterwegs.* *SS: Sie haben eine Hundemeute dabei.* *Was sind das für Hunde?* *SS: Die Hunde sehen lustig, merkwürdig aus ...* *Wohin gehen die Jäger?*
TA	*SS: Sie gehen zu den Menschen unten ...* *Was machen die anderen Menschen?* *SS: Vergnügen sich auf dem Eis, schleppen Holz die Frauen links machen ein großes Feuer ...* *Woran erkennst du, daß Winter ist?*
TA	*SS: Kahle Bäume, schneebedeckte Landschaft ...*
3. Gestaltungselemente	*Das Bild läßt sich in zwei Hälften teilen!* *SS: Links die Jäger, ihre Hunde und die Frauen - rechts die Menschen unten ..* *Was kannst du zur Raumaufteilung sagen?* *SS: Vorne sind die Jäger, in der Mitte die Menschen auf den Seen und hinten Berge und Landschaft* *Wie kannst du erkennen, was vorne und was hinten ist?* *SS: Vorne ist alles größer - hinten kleiner*
4. Gestaltungsaufgaben	*- Bäume* *- Jagdhunde*

Bäume

Wie du weißt, haben Bäume einen kräftigen Stamm, von dem aus die dicken Äste wachsen. Diese Äste verzweigen sich, werden dünner, schließlich sind es viele Zweige, an denen die Blätter wachsen.
Hier siehst du vier Bäume aus der rechten Bildhälfte. Ergänze die feinen Äste und Zweige. Du kannst auch Blätter auftupfen oder malen, wenn du die Bäume lieber im Sommer oder Herbst haben willst.

Jagdhunde

Die drei Jäger auf dem Bild von Bruegel kommen von der Jagd zurück. Sie werden von ihren Jagdhunden begleitet. Solche Tiere, wie du sie auf dem Bild siehst, gibt es heute kaum noch. Überlege dir, welche Hunde den Männern folgen sollen und zeichne oder male sie dazu!

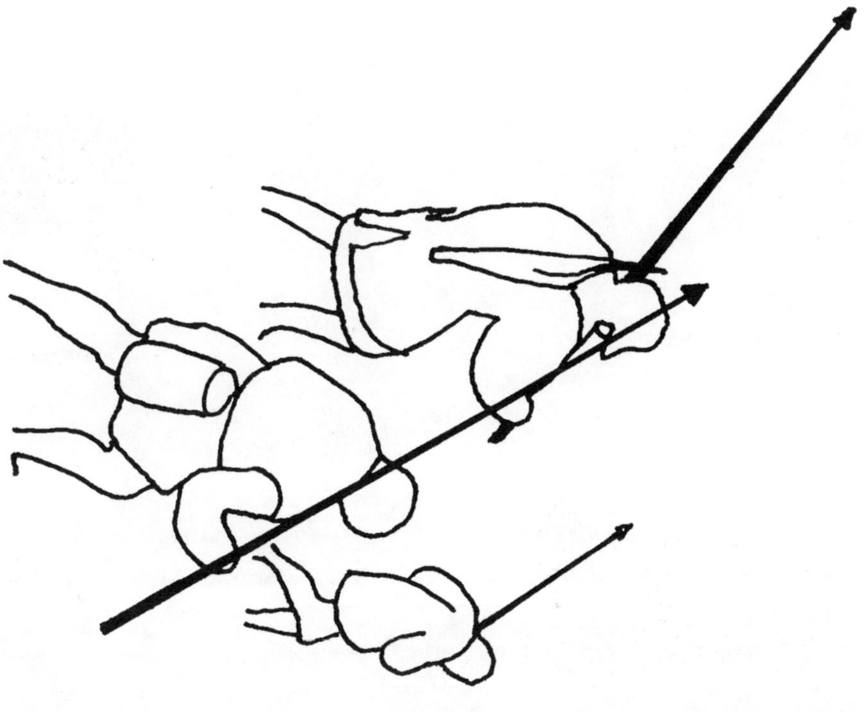

Hunde

Der Künstler :
sein Leben - sein Werk

半根須

Katsuhika Hokusai

(1760 -1849)

Der japanische Maler und berühmteste aller Holzschnitzer Japans, Katsushika Hokusai wurde 1760 in Tokyo geboren. Bereits in seinen Jugendjahren fiel er wegen seiner Begabung auf. Als 14jähriger trat er als Lehrling in eine Holzschnittwerkstatt ein, 1779 wurde er Schüler des berühmten Katsukawa Shunsho und erlernte schließlich bei Kano Kosen die traditionelle Malerei. Hokusai war neuen Einflüssen stets aufgeschlossen. Er verstand es meisterhaft, traditionelle japanische Stilelemente mit europäischen Anregungen zu verbinden. Trotz hochrangiger Arbeit und außergewöhnlichem Fleiß, (er illustrierte allein 500 Bücher mit über 30 000 Holzschnitten, fertigte viele Tuschskizzen und Malerein auf Seide und anderen Stoffen), lebte Hokusai ständig in bescheidenen finanziellen Verhältnissen. Schuld daran war seine verschwendungssüchtige Familie sowie seine volksnahe Darstellungsweise. Seine Motive, Landschaften, Alltagsszenen, Vögel, Blumen und Karikaturen wurden von den höheren Gesellschaftsklassen abgelehnt. Die meisten und wichtigsten Arbeiten schuf Hokusai nach seinem 60. Lebensjahr. Darunter viele von ihm aufgeschriebene und bebilderte Gedichte und Kurzgeschichten. Im eigenen Lande kaum beachtet, waren seine Holzschnitte bereits zu seinen Lebzeiten in Europa sehr gefragt. Sie beeinflußten viele europäische Künstler, besonders die Impressionisten ☞ . Katsushika Hokusai starb 89jährig in seiner Heimatstadt Tokyo.

Katsuhika Hokusai:
Unter der Welle von Kanawaga (1830)

Katsushika Hokusai: Die Woge

Tafelbild:

Katsuhika Hokusai:
Unter der Welle von Kanawaga (1830)

Natur:
Riesige Wellen - wirken wie bedrohliche Krallenhände

Menschen:
klein, unscheinbar - in ihre Boote geduckt

Die Fischer in ihren wendigen Booten schaffen es durch die Wellen.

Drucktechnik: Holzschnitt
Hochdruck; für jede Farbe ist ein eigener Druckstock notwendig.

Wenige **Farben:**
Blau: hell, mittel, dunkel
Beige: hell, dunkel

Stundenskizze:

Methode	Inhalte
1. Hinführung TA	Heute habe ich dir ein Bild aus Japan mitgebracht! Es heißt 'Unter der Welle von Kanawaga'!
2. Betrachtung/Farbfolie	Was fällt dir auf?
2.1 Bildinhalt	SS: Meer, Wasser, eine ganz große Welle...
2.2 Bildaufbau	Wie ist das Blatt aufgeteilt? SS: Linke Hälfte: Große Welle hinten und vorn, dazwischen ein kleines Boot - Rechte Hälfte: Wellenschwünge, zwei weitere Boote Was kannst du über die Boote erzählen? SS: 3 lange, wendige Fischerboote aus Holz Achte auf die Menschen! SS: Sie halten sich fest, klein, gebückt, geben nicht auf
3. Quaestive Phase	Mensch und Natur treffen aufeinander! SS: Fischer auf ihren kleinen Booten versuchen durch eine riesige Welle zu kommen
TA	Pfeile zuordnen 1 - 2 - 3 Die riesige Welle greift nach ihnen. Wie wirkt die riesige Welle auf dich? SS: Bedrohlich, wie viele Krallenhände, ... Wie müssen diese Fischer sein? SS: tapfer, mutig, wendig, stark, ...
4. Farbgebung TA	Erzähle uns etwas zu den Farben! SS: wenige Farben, nur Blau und Beige
5. Drucktechnik	Von diesem Bild gibt es mehrere Originale,und nie hat der Künstler einen Pinsel benutzt! SS: Bild gedruckt ... Womit kann man drucken? SS: Kork, Kartoffel, ... Hokusai hat Holzplatten verwendet!
evtl. AB Drucktechniken	Beschaffenheit des Holzes/ Je Farbe ein Druckstock/ Was nicht diese Farbe hat, muß herausgeschnitten werden ...
6. Gestaltungsaufgaben	

Hier siehst du nur den Wellenkamm:
Benutze deine Farben, damit er möglichst echt aussieht!

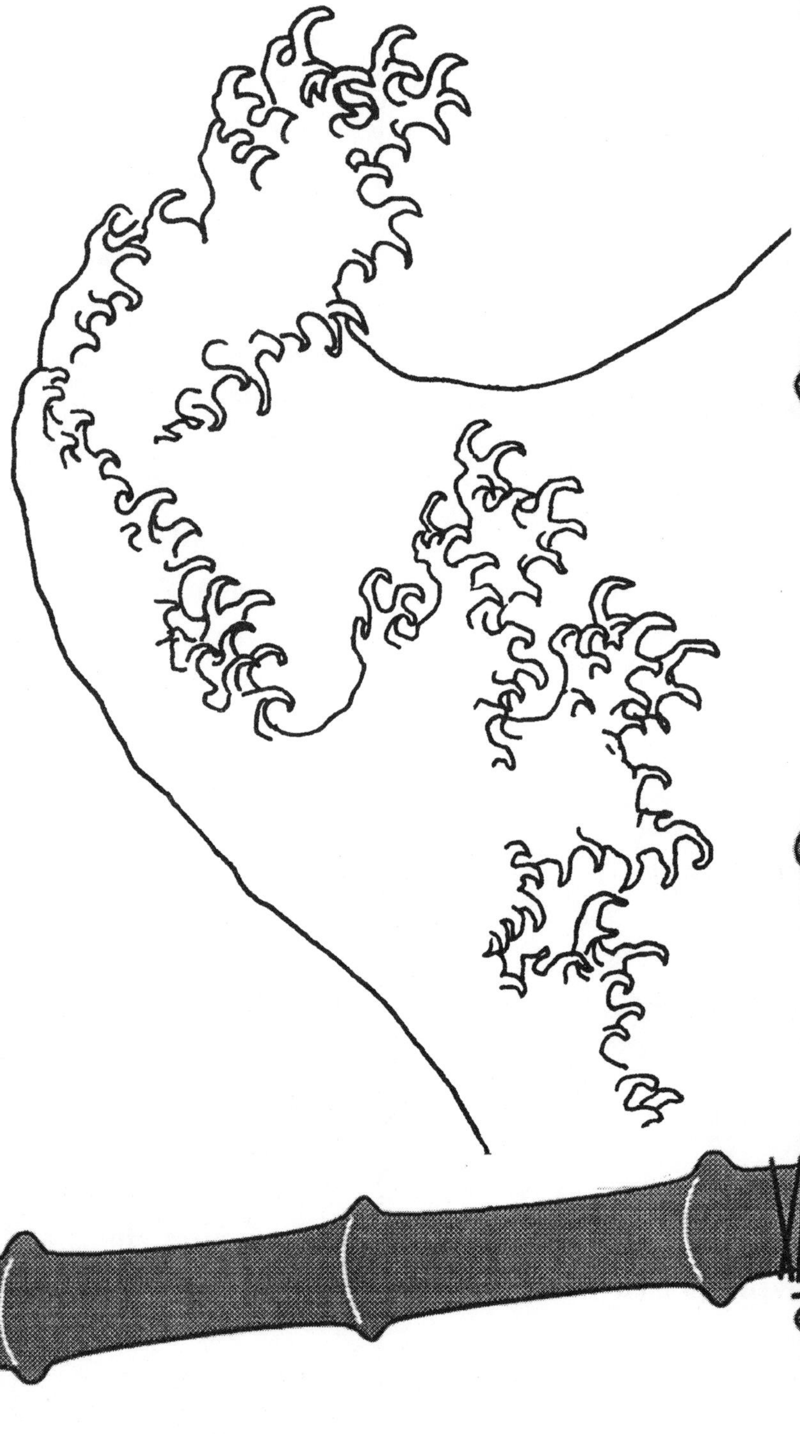

Du brauchst deinen Malkasten!
Die Wellen gestalte in verschiedenen Blautönen. Der Himmel wirkt blau ziemlich langweilig - experimentiere also mit anderen Farben.

Wie wäre es mit anderen Wasserfahrzeugen unter der Welle von Kanawaga? Suche dir eines aus, oder 'erfinde' selber eines!

Gib dem Bild die Farben!

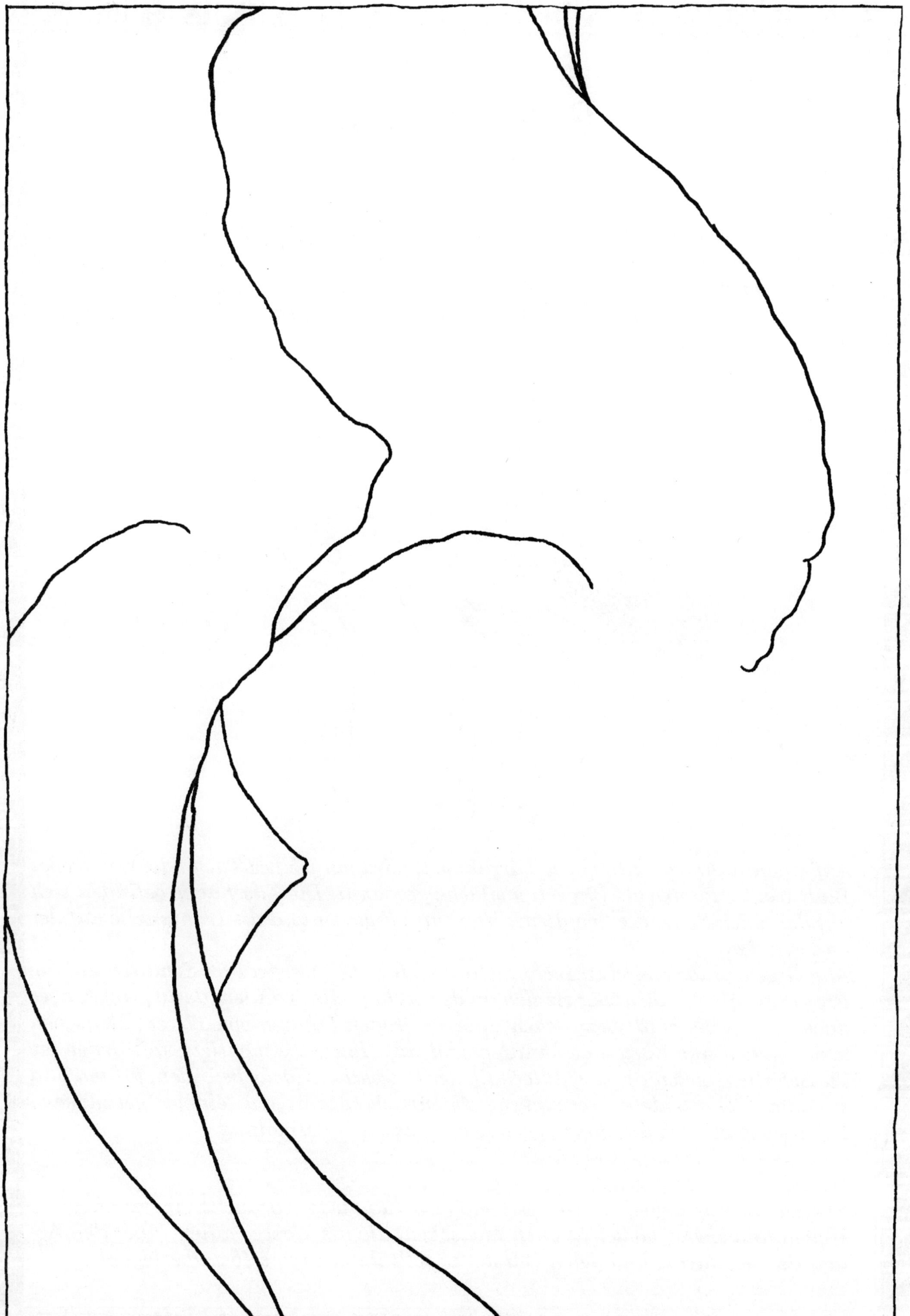

Schattenspiel

Die alte Kunst des Schattenspiels wurde vor über 2 000 Jahren von den Chinesen erfunden. Damals verfiel, wie eine alte Chronik berichtet, der Kaiser Wu-ti über den Tod seiner Lieblingsfrau Li in schreckliche Schwermut. Keiner konnte ihm helfen. Da erschien der Priester Chao-meng und rettete die Seele des armen Kaisers, indem er das Schattenbild der toten Lieblingsfrau auf einer beleuchteten Seidenfläche erscheinen ließ.

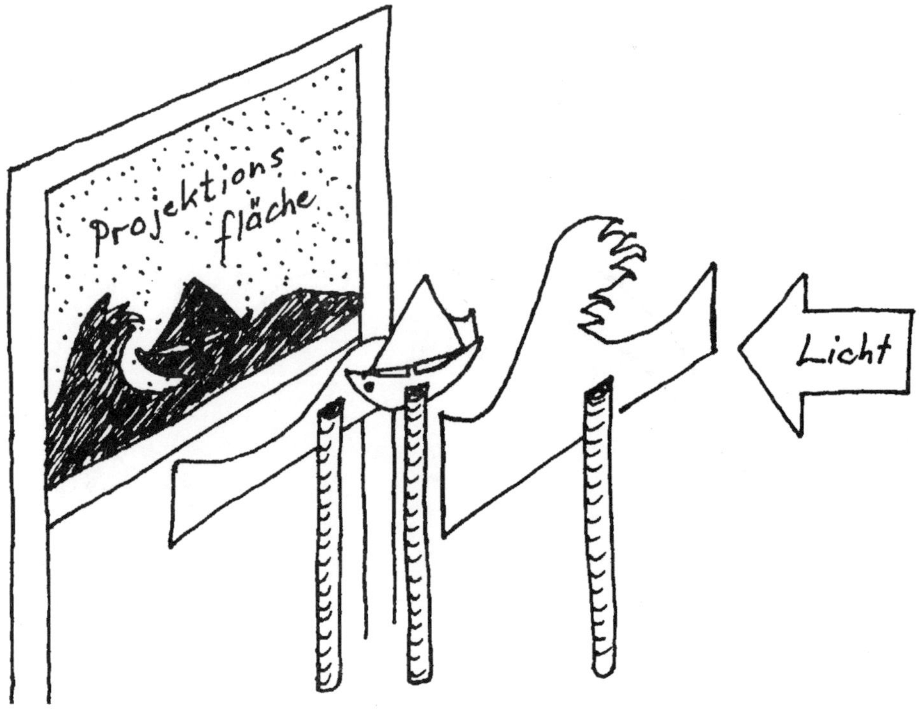

Auf einen Rahmen, z.B. einen Türrahmen, wird ein weißes Tuch oder ein großes Blatt weißes Papier als Projektionsfläche gespannt. Die Zuschauer befinden sich auf der einen Seite, die Schattenspieler, ihre Figuren und die Lichtquelle auf der anderen Seite.
Alle Gegenstände zwischen Lichtquelle und Rahmen werfen ihre Schatten auf die Projektionsfläche. Je näher sie sich an der Lichtquelle befinden, desto größer, aber auch unschärfer sind sie zu sehen. Alle benötigten Figuren von Tieren, Menschen usw. werden aus Karton geschnitten und auf Holzstäbe montiert, mit denen sie die Schattenspieler, die sich unterhalb der Projektionsfläche befinden, führen und so zum Schattenleben erwecken. Natürlich gehört zu einem gelungenen Schattenspiel auch die entsprechende akustische Untermalung.

Für das Schattenspiel 'Unter der Welle von Kanawaga' braucht ihr verschiedene Wellen und Boote, vielleicht auch Menschen, die ins Wasser fallen. Aber den Ablauf der Geschichte und deren Darsteller sollt ihr euch ja selbst überlegen!

Der Künstler :

sein Leben - sein Werk

Caspar David Friedrich

(1774 -1840)

Caspar David Friedrich wurde am 5. September 1774 in Greifswald in Pommern geboren. Der Sohn einer kinderreichen Handwerkerfamilie kam mit 20 Jahren an die Königliche Kunstakademie in Kopenhagen (Dänemark). Dort studierte er Landschaftsmalerei. 1798 übersiedelte Friedrich nach Dresden, wo er viele Dichter der Romantik ☞ kennenlernte. Er unternahm häufig Wanderungen über die Insel Rügen, durch das Riesengebirge und den Harz. Es entstanden eine Vielzahl von Zeichnungen und Gemälden. Seine stimmungsvollen Landschaftsbilder erfreuten sich großer Beliebtheit. Der preußische Kronprinz und der russische Thronfolger gehörten zu seinen Bewunderern und Auftraggebern. Seit 1817 war Friedrich an der Kunstakademie in Dresden als Lehrer tätig. Anfang 1818 heiratete er, selber 45-jährig, seine um 19 Jahre jüngere Frau Caroline. In diesem Jahr besuchte das Ehepaar auch die Insel Rügen. Die fruchtbarsten Jahre in Friedrichs künstlerischem Schaffen begannen. Nach 1826 jedoch verschlechterte sich Friedrichs Gesundheitszustand. Er neigte zu Eifersucht und Schwermut. Es folgten eine Reihe von Kuraufenthalten. Ab 1830 lebte der Künstler völlig zurückgezogen, seine Malerei stieß zunehmend auf Ablehnung. 1835 erlitt der Maler einen Schlaganfall und mußte seine Tätigkeit weitgehend einstellen. Er geriet immer mehr in geistige Umnachtung. Als er am 7. Mai 1840 in Dresden starb, war sein Werk bereits in Vergessenheit geraten. Erst zu Beginn unseres Jahrhunderts rückten seine Bilder wieder in den Blickpunkt des Interesses.

Heute gelten seine Werke als Inbegriff der romantischen Malerei in Deutschland.

Der Wanderer über dem Nebelmeer 1818

C.D.Friedrich: Kreidefelsen auf Rügen (1818)

Tafelbild:

Caspar David Friedrich
Kreidefelsen auf Rügen (1818)

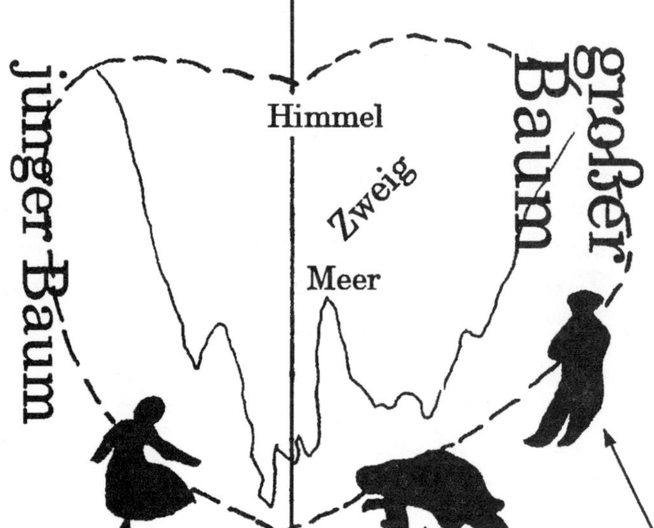

Seine Frau Caroline weist in den Abgrund.

Der alte Mann schaut in den Abgrund.

Der Mann schaut in die Ferne.

geboren 1774
Heirat 1818
gestorben 1840

Vordergrund: dunkel, braun, rot, grün, blau
Mittelgrund: hell, weiß, gelb
Hintergrund: verlaufendes Blau

„Der Maler soll malen, was er in sich sieht.“

Stundenskizze:

Methode	Inhalte
1. Hinführung Farbfolie	Ich habe dir heute ein Bild von einem bekannten deutschen Maler mitgebracht!
2. Betrachtung 2.1 Bildinhalt TA	Was siehst du? SS: Menschen, Bäume, Felsen, Meer, ... **Kreidefelsen auf Rügen** von **C.D.Friedrich**
2.2 Bildaufbau	**Vordergrund:** Drei Menschen schauen hinaus auf's weite Meer. Vor ihnen ist ein tiefer Abgrund. **Mittelgrund:** Bizarre, spitze Kreidefelsen engen rechts und links den Blick ein. **Hintergrund:** Meer und Himmel gehen am Horizont ineinander über.
2.3 Farbgebung TA	Erzähle uns etwas zu den Farben! **Vordergrund:** dunkel; grün, braun, rot, blau **Mittelgrund:** sehr hell; weiß, gelb, ocker **Hintergrund:** blaß; Blau in Abstufungen
2.4 Komposition evtl. zur Verdeutlichung Folien der Gestaltungs-aufgaben	**Vordergrund:** Mit ausgstreckten Armen den inneren Rahmen nachfahren - Herzform evtl. Bild auf Kopf stellen: sieht aus wie der Eingang einer Tropfsteinhöhle **Mittelgrund:** Bedrohliche, unwirklich wirkende Felszacken in eigenartigem Licht Zwischen Vorder- und Mittelgrund ein unsichtbarer Abgrund **Hintergrund:** Das Meer wirkt unwirklich **Bildzentrum:** Die Bildmitte wirkt leer, trotzdem zieht es den Blick dorthin!
2.5 Emotionalisierung TA evtl. AB Romantik	Hat Friedrich genau das gemalt, was er sah? SS: Nicht sehr real - ein Traumbild Dieser Satz ist von C.D.Friedrich: „Der Maler soll malen, was er in sich sieht." Was ist damit gemeint? Gespräch: Er malt auch Gefühle, Fantasien etc. Stilrichtung 'Romantik'

Stundenskizze:

Methode	Inhalte
3. Intention	C.D.Friedrich hat in diesem Bild seine Gefühle dargestellt. Es ist wie ein Krimi, wenn wir genau hinschauen, können auch wir sie sehen!
3.1 Die Personen	**Die Frau:** - Wohin deutet sie? - Mit wem spricht sie? - Was könnte sie sagen? **Der Mann in der Mitte:** - Was macht er? - Wie alt könnte er sein? **Der Mann rechts:** - Wie alt schätzt du ihn? - Wohin schaut er? - Was denkt er wohl gerade? Wer sind diese Personen?
AB1	Ehefrau Caroline ist links; Friedrich ist rechts Die beiden sind auf Hochzeitsreise - sie stehen
TA	links und rechts im Vordergrundherzen Mittelsenkrechte einzeichnen
3.2 Die Bäume	Über beiden wachsen Bäume! SS: Über Caroline; jung, aufstrebend Über Friedrich groß, kräftig Die Bäume als Zeichen der Lebensvitalität! Beide Bäume verzahnen sich in der Mitte - Ehe Eingehen auf das Lebensalter der beiden
3.3 Das Geheimnis	Der alte Mann in der Mitte stört etwas. Wer könnte das sein? SS: Friedrichs Vater Achte auf den Baum! Über dem alten Mann ist ein schwacher, nach unten hängender Zweig von Friedrichs Baum. Und denke daran, es ist ein Traumbild! SS: Er hat sich selbst als alten Mann gemalt. Als junger Mann träumt er von der Ferne; als alter Mann schaut er in den Abgrund!
AB1 Rest lesen	SS: Der Abgrund ist der Tod
AB Romantik	Eingehen auf Themen der Romantik
4.Gestaltungsaufgaben:	1. Farbgebung der Felszacken 2. Vom Meer zum Himmel 3. Der eigene Traumhintergrund 4. Bäume gestalten

Stelle dir vor, du bist C.D.Friedrich. Versuche, dem mittleren Kreidefelsen seine Farben zu geben. Schau dir zuerst genau an, wo Licht und Schatten sind. Die Umrisse sind schon da!

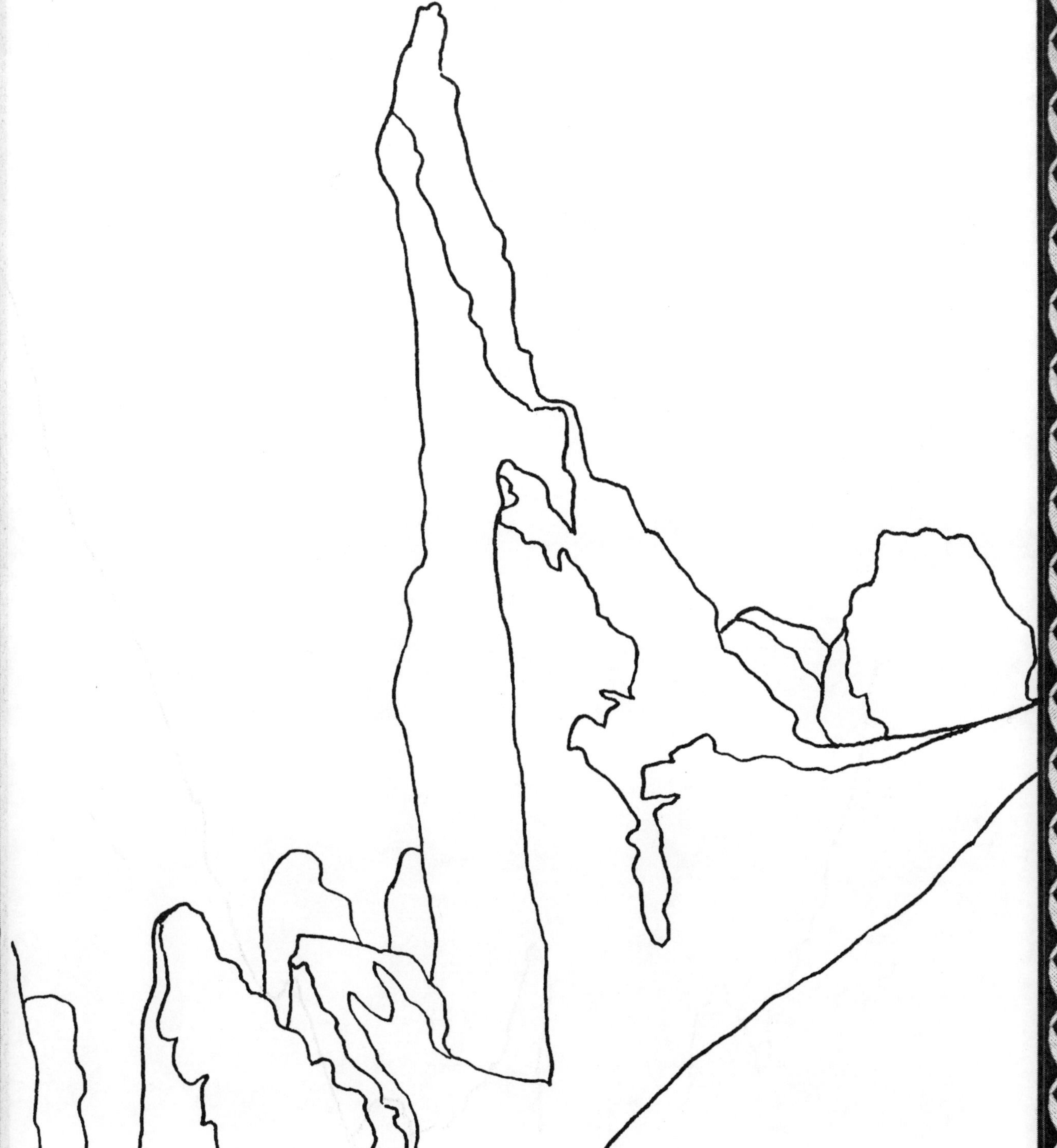

Vom Meer zum Himmel.

Stelle dir vor, nur die Kreidefelsen beengen deinen Blick. Schaue dir genau an, welche Blautöne C.D.Friedrich verwendet, um vom nahen Meer zum weiten Himmel zu kommen! Versuche nun, das Meer in den Himmel übergehen zu lassen!

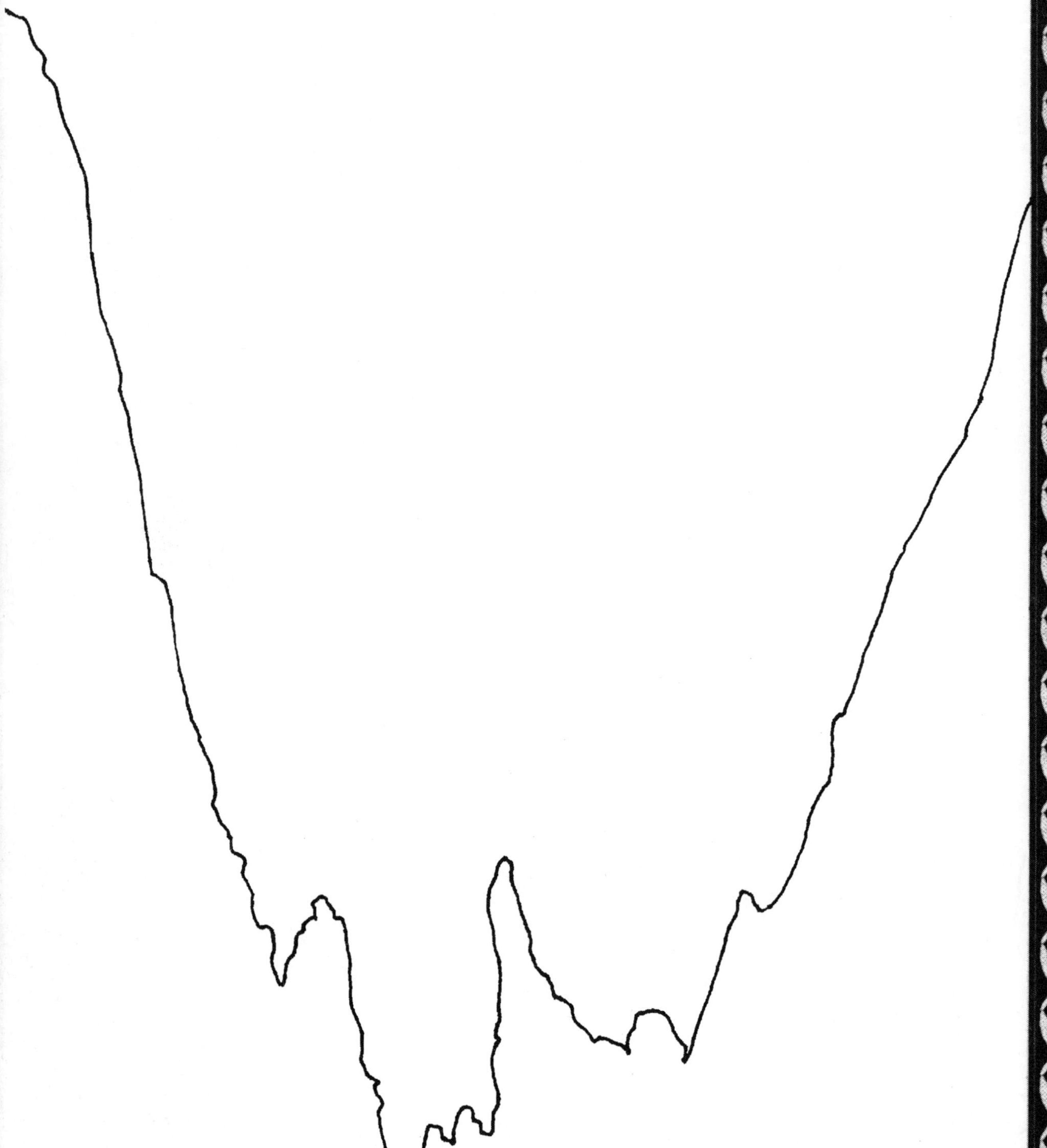

*Die Personen schauen in **deine** Traumlandschaft! Bevor du deinen Mittel- und Hintergrund malst, schließe die Augen, bis du in deiner Fantasie ein ganz genaues, farbiges Bild hast, das du malen kannst.*

Die Personen sind da, die Kreidefelsen auch. Du sollst die Bäume ergänzen!

Der Künstler :

sein Leben - sein Werk

Vincent van Gogh (1853 - 1890)

Vincent

Vincent van Gogh wurde 1853 in Südholland als das älteste Kind einer in bescheidenen Verhältnissen lebenden Pastorenfamilie geboren. Sein eigenwilliges und sprunghaftes Temperament und sein verschlossenes Wesen brachten ihn schon in jugendlichem Alter in Konflikte. Erst mit 27 Jahren kam er zur Kunst. Er hatte vorher in Kunsthandlungen in Den Haag (Holland), Brüssel (Belgien), London (England) und Paris (Frankreich) als Verkäufer gearbeitet. Anschließend versuchte er sich mit wenig Erfolg als Hilfslehrer an Armenschulen in England. Schließlich war er Hilfsprediger in einem englischen Bergbaugebiet. Dort verschenkte er sein Hab und Gut an die vielen Armen und wurde, völlig heruntergekommen, entlassen. In dieser Zeit entstanden seine ersten künstlerischen Arbeiten. Durch den Zuspruch seines jüngeren Bruders Theo studierte er in Den Haag, Amsterdam und Paris Kunst. Bei seinem Bruder in Paris lernte er viele der bedeutensten Künstler der damaligen Zeit kennen: Gauguin, Toulouse-Lautrec, Bernard, Signac, Pissarro und andere. In den zwei Jahren in Paris malte er über 200 Bilder. 1888 reiste van Gogh nach Arles in Südfrankreich, wo er ein Haus mietete. Dort wollte er zusammen mit seinem Freund, dem berühmten Maler Gauguin gemeinsam schaffen. Dieser Wunsch zerschlug sich aber schnell. Der herrische Gauguin und der empfindsame van Gogh kamen miteinander nicht zurecht. Nach einem wilden Streit schnitt sich der enttäuschte und von einer Nervenkrankheit geplagte van Gogh ein Ohr ab. Er kam in eine Nervenheilanstalt, in der er die letzten beiden Jahre seines Lebens verbrachte. 1890 stirbt er, nur 37 Jahre alt geworden, nach einem Selbstmordversuch.

Er hinterließ über 1000 Bilder und Zeichnungen.

Van Goghs Bilder gehören heute zu den teuersten der Welt. Ein Bild mit Sonnenblumen wurde für 75 Millionen DM, und sein Bild mit Schwertlilien sogar für 91 Millionen DM verkauft. Zu seinen Lebzeiten gelang es ihm lediglich ein einziges seiner Bilder für 400 Francs zu verkaufen. Er lebte hauptsächlich von der Unterstützung seines Bruders Theo.

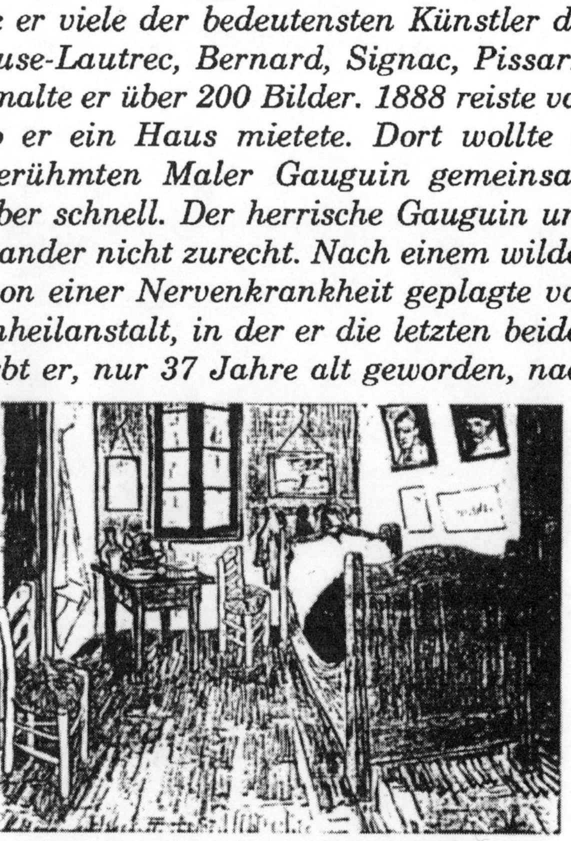

Vincents Zimmer in Arles 1889

Vincent van Gogh: Blick auf Arles (1889)

Tafelbild:

Vincent van Gogh

Blick auf Arles

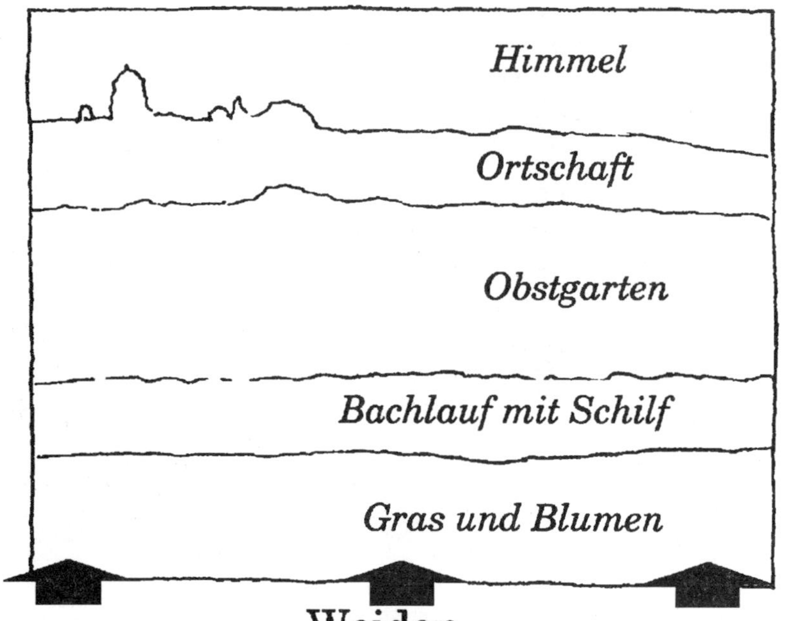

helles Blau

grün, rot, weiß

weiß, rosa,hellgrün

kräftiges Grün

ocker, grün, rosa

Weiden

***Stämme:** dunkelblau, kräftige, geschwungene Striche*

***Äste:** orangebraune, lange Striche*

Stundenskizze:

Methode	Inhalte
1. Hinführung	Ich habe dir heute zwei Bilder von einem der berühmtesten Maler der Welt mitgebracht. Ein Bild von ihm kostet heute bis zu 90 Mill DM.
TA	**Vincent van Gogh**
Farbfolie	**Blick auf Arles**
2. Betrachtung	Was siehst du?
2.1 Bildinhalt	SS: Obstgarten, Mann, Stadt, ... Woran erkennst du, daß Frühjahr ist? SS: blühende Obstbäume, helles Grün der Wiesen, Weiden noch ohne Blätter, ...
2.2 Raumeinteilung	Vordergrund: drei Weiden Mittelgrund: Obstgarten, Bach mit Schilf
TA	Hintergrund: Ortschaft
2.3 Farbgebung	
Folie 1 als Overlay	Farbgebung der Gründe
TA	vgl. Tafelbild
Folie 2	Finde diese Stelle auf dem Bild und schaue sie dir genau an! SS: Farben: dunkelblauer Stamm, orangebraune Triebe, ...
2.4 Farbauftrag	Äste: lange Striche Stamm: kurze, kräftige, geschwungene Striche
TA	vgl. Tafelbild
3. Gestaltungsaufgabe	Gestalte den mittleren Stamm. Stelle dir vor, du bist van Gogh. Verwende also seine Malweise und seine Farben!
4. Ausklang	Vergleichen und Besprechen der Arbeiten

Folienvorlage 1

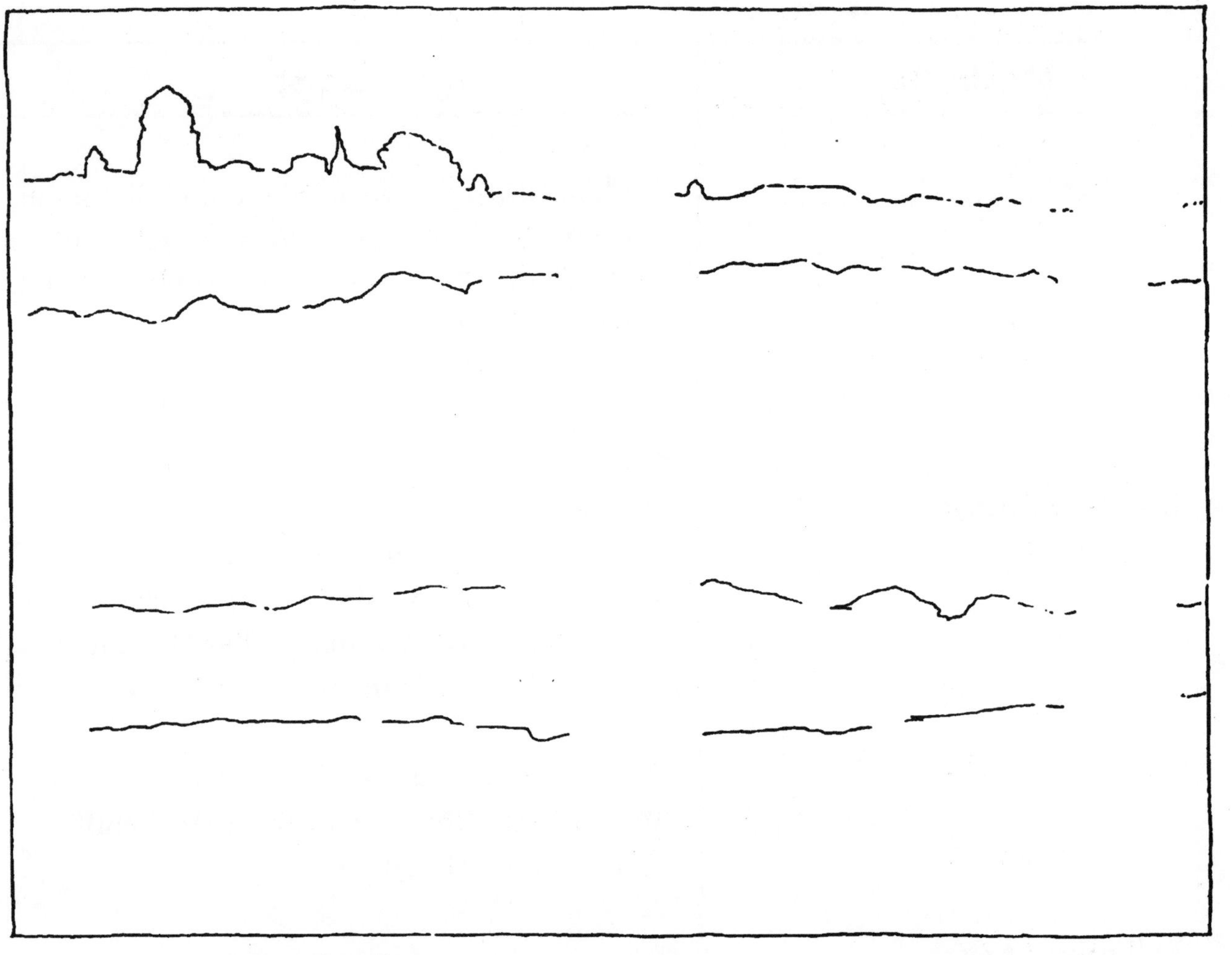

Folienvorlage 2

Hier ist der mittlere Stamm. Stelle dir vor, du bist van Gogh. Verwende also seine Malweise und seine Farben!

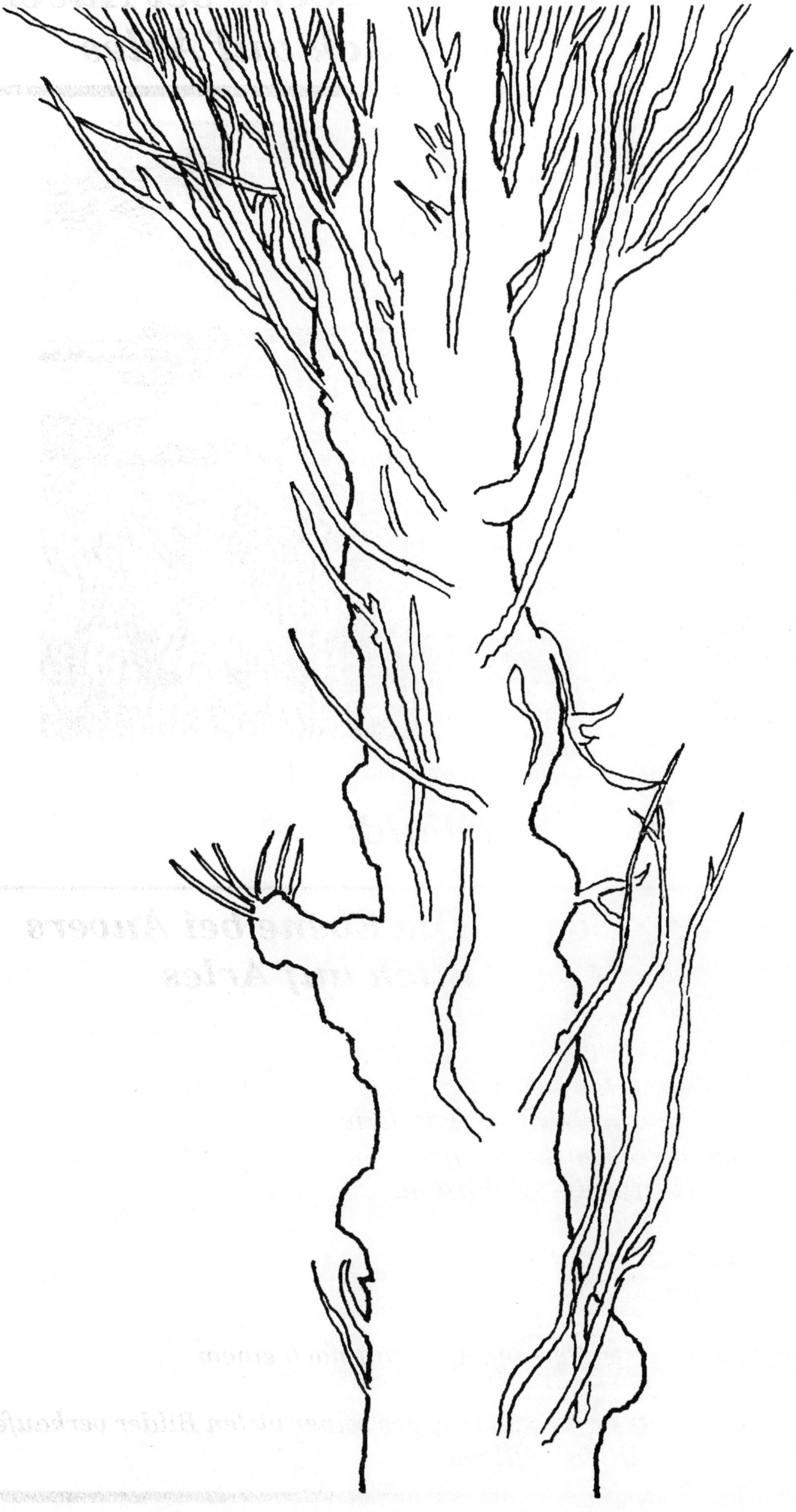

Vincent van Gogh: Die Ebene bei Auvers & Blick auf Arles

Vincent van Gogh, Die Ebene bei Auvers, Öl auf Leinwand, 73,5 x 92 cm

Tafelbild:

Vincent van Gogh: Die Ebene bei Auvers
Blick auf Arles

geboren 1853

Ein unstetes Leben:
- lebt in verschiedenen Ländern
- hat verschiedene Berufe
Charaktereigenschaften:
- eigenwillig
- sprunghaft
- empfindsam

Er stirbt 1890 in einer Nervenheilanstalt nach einem Selbstmordversuch.
Zu Lebzeiten konnte er nur ein einziges seiner vielen Bilder verkaufen.
Heute kosten seine Bilder Millionen.

Stundenskizze:

Methode	Inhalte
1. Hinführung	
Farbfolie 2/ TA	**Die Ebene bei Auvers** Den Maler dieses Bildes kennst du schon!
TA	SS: Vincent van Gogh
2. Wiederholung	- Farbgebung - Pinselstrich - Raumeinteilung
3. Gestaltungselemente	Erzähle mir, was du siehst! SS beschreiben das Bild. Ein Bild ohne besondere Spannung! Bei dem Bild vom letzten Mal bediente sich der Künstler eines besonderen Tricks! SS: Weidenbäume im Vordergrund
Folie 3 als Overlay	Was bewirkt dieser Vordergrund? SS: ungewöhnlich, macht es spannender, ...
4. Identifizierung Farbfolie 1	Denke dich jetzt bitte an die Stelle van Goghs! Was denkt er - was fühlt er? SS: möchte gerne dorthin, aber die Bäume versperren ihm den Weg, ...
Folie 4 als Overlay	Vergleiche mit dem Blick aus einer Zelle!
5. Das Leben van Goghs	
AB/ Titelseite lesen	Ein unstetes Leben! SS: mehrere Wohnorte, verschiedene Berufe
TA	Du erfährst einiges über seinen Charakter! SS: eigenwillig, sprunghaft, empfindsam, ...
3. Gestaltungsaufgabe	
Gestaltungsaufgabe 2	Der Blick ist nun fast frei. Du kannst die Landschaft besser sehen. Gestalte die Fläche zwischen den Bäumen, denke daran, es ist Frühling!
4. Ausklang/Überlagerung	Abschließend kann der Baum aus der Vorlaufstunde ausgeschnitten und in der Mitte des Bildes aufgeklebt werden.

Folienvorlage 3

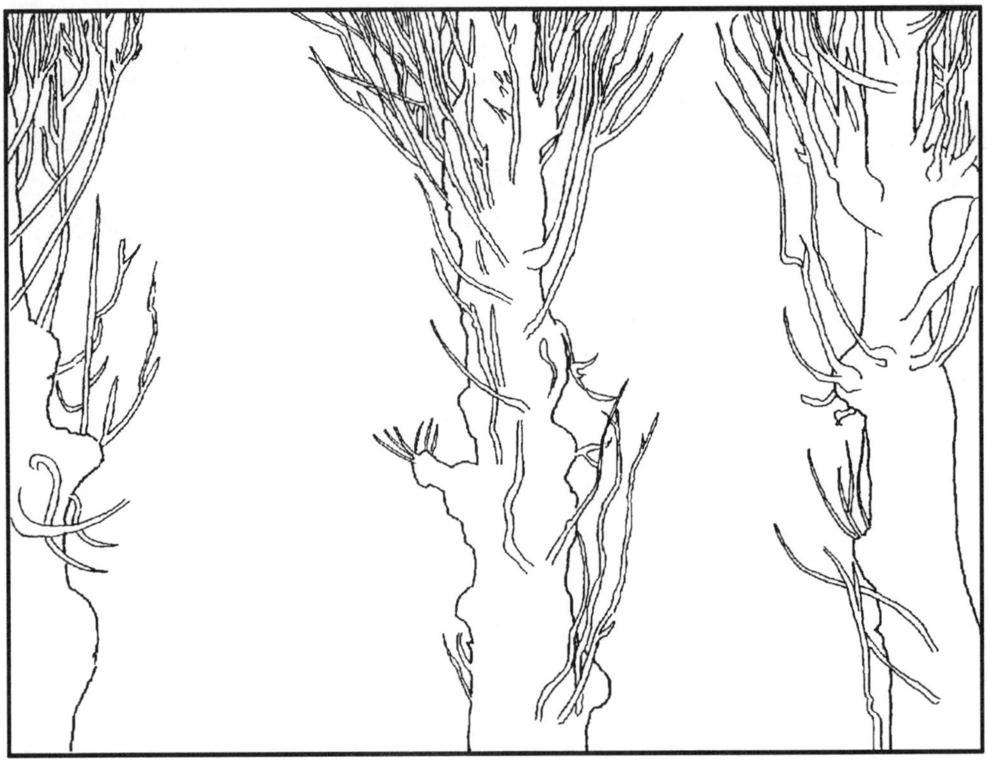

Folienvorlage 4

Gestaltungsaufgabe 2

Hinweis: Kopieren Sie diese Vorlage mit 200 %, dann läßt sich die Gestaltungsaufgabe 1 der Vorlaufstunde passig aufkleben.

Diesen Brief schrieb Vincent van Gogh an seinen Bruder Theo:

Lieber Theo!

Wie ich male, weiß ich selbst nicht. Ich setze mich mit einem weißen Brett vor den Fleck, der mich interessiert, sehe mir das an, was ich vor Augen habe und sage zu mir selbst: Aus dem weißen Brett muß etwas werden. Unzufrieden komme ich zurück: Ich stelle es fort, und wenn ich etwas geruht habe, fange ich wieder mit einer Art Angst an, nachzusehen. Dann bin ich noch nicht zufrieden, denn die herrliche Natur lebt noch zu stark in meinem Geist. Aber doch, ich finde in meinem Werk einen Widerhall von dem, was mich fesselte, ich weiß, daß die Natur mir etwas erzählte, daß sie zu mir gesprochen hat, und daß ich es in Schnellschrift aufgeschrieben habe. In meiner Schnellschrift mögen Worte sein, die nicht zu entzifferen sind, Fehler und Lücken, und doch ist vielleicht etwas darin, was der Wald, der Strand oder die Gestalten sagten. Und nie in einer zahmen oder konventionellen Sprache, die nicht aus der Natur entsprang.

Dein Bruder

Vincent

Der Künstler : sein Leben - sein Werk

Paul Signac
(1863 - 1935)

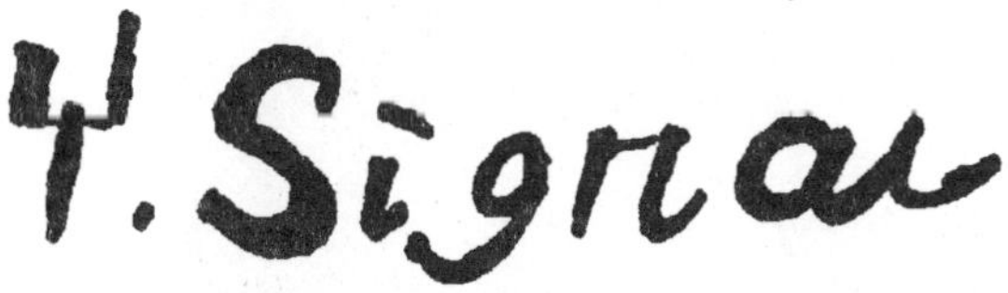

Paul Signac wurde am 11. November 1863 in Paris geboren. Nach dem Wunsch seiner Eltern sollte er Architekt werden. Der junge Mann war jedoch von den impressionistischen Bildern seines Landsmannes Claude Monet so begeistert, daß er sein Architekturstudium kurzerhand abbrach und sich der modernen Malerei zuwandte. Seine Bilder, wie die der anderen Impressionisten ☞ wie Monet, Pissarro, Degas, Sisley, Renoir, Cezanne, Gauguin und viele andere, wurden jedoch nicht für die offizielle Bilderausstellung, dem Salon, zugelassen. Diese abgewiesenen Künstler schlossen sich als 'Unabhängige' zusammen und veranstalteten nun selbst Ausstellungen. Das Puplikum empfand jedoch die neue Malweise als Provokation und war empört. Die Kritiker verhöhnten die Bilder. Mit rund 3 500 Besuchern ließen sich gerade die Unkosten decken, während in den offiziellen Salon schätzungsweise 400 000 Besucher strömten. Die wenigen Bilder, die verkauft wurden, erzielten nur niedrige Preise von 300 Franc und darunter.

Heute sind die Werke dieser Künstler überaus geschätzt und gefragt. Museen und Kunstsammler bezahlen viele Millionen für nur eines dieser Bilder.

Signac und sein Künstlerkollege Seurat entwickelten die Technik des Impressionismus weiter zum Pointillismus ☞ Points ist das französische Wort für Punkte.

Sie verzichteten ganz auf das Mischen der Farben und verwendeten für ihre Bilder nur noch reine Primär- und Sekundärfarben ☞ . Ihre Kunstwerke bestehen nur noch aus nebeneinander gemalten Farbpunkten oder Strichen. Erst, wenn der Betrachter einigen Abstand hat, beginnt das Bild zu wirken, die Punkte verschmelzen, das Dargestellte wird deutlich erkennbar und es scheint, als könne man das Sonnenlicht spüren.

Auf dieser zeitgenössischen Karikatur siehst du, wie ein Polizist eine schwangere Frau vor dem Betreten einer Impressionisten-Ausstellung warnt.

Signac hielt sich oft an der sonnigen Küste Südfrankreichs auf, wo er viele Hafen-, Schiff- und Küstenszenen malte. In Saint Tropez ließt er sich ein Sommerhaus bauen. Er wohnte und arbeitete nun abwechselnd in Paris und im 'Mastkorb', wie er sein Sommerhaus nannte.

1935 starb er in seiner Geburtsstadt zweiundsiebzigjährig.

Paul Signac: An der Seine (um 1900)

Tafelbild:

Paul Signac (1863 - 1935): An der Seine

sonniger Herbsttag

leuchtende, klare Farben

blau, grün, orange

orange = rot + gelb
grün = blau + gelb
violett = blau + rot

Das ganze Bild besteht aus lauter Farbpunkten und Farbstrichen.
= Pointillismus

***Primärfarben** sind: rot, gelb, blau*
*Die **Sekundärfarben** werden aus den Primärfarben gemischt.*

Stundenskizze:

Methode	Inhalte
1. Hinführung	Ich habe dir heute ein Bild von einem
Farbfolie	bekannten französischen Maler mitgebracht.
2. Betrachtung	Was kannst du erkennen?
2.1 Bildinhalt	SS: Häuser, Bäume, Himmel, Wasser
2.2 Bildaufbau	Wie ist das Bild aufgebaut? SS: Häuser in der Bildmitte; rechts und links und dahinter sind Bäume; darüber ist Himmel; das Ganze spiegelt sich im Wasser.
2.3 Bildachsen	Aus dem Mathematikunterricht kennst du Symmetrieachsen. Kannst du die Symmetrieachse in diesem Bild finden?
TA	SS: Verläuft waagerecht, fast in der Bildmitte
	Sie trennt das Bild in zwei Teile.
TA	SS: Den Teil über dem Wasser und die Spiegelung im Wasser
evtl. Einsatz Sucher	Was ist und wo ist das Zentrum des Bildes? SS: Die Häuser in der Mitte, sie sind etwas nach links verschoben Warum , glaubst du, hat der Künstler sie nicht genau in die Mitte des Bildes gesetzt? SS: Er wollte damit Spannung erzeugen
evtl. Einsatz Folie	
	Ziehe mit deiner ausgestreckten Hand die Diagonalen! Was fällt dir auf? SS: Im Kreuzungspunkt der Diagonalen sind wieder die Häuser
2.4 Wirkung der Komposition	Wie wirkt das Bild auf dich? Spannend, langweilig usw. ?
evtl. Einsatz Folie	SS: Ausgeglichen und doch etwas spannend
2.5 Farbgebung	Was ist das für ein Tag? Kannst du auch die Jahreszeit herausfinden? S: Sonniger Herbsttag Kannst du das begründen? SS: Farbe der Blätter: grün und orange

Stundenskizze:

Methode	Inhalte
	Erzähle uns etwas zu den Farben!
TA	SS: hell, warm, leuchtend, flächig, ...
	Wo steht wohl der Maler?
	SS: Hinter dem Wasser ...
	Er steht an einem Fluß. Das Bild heißt
TA	**An der Seine** - gemalt hat es der französische
TA	Künstler **Paul Signac.**
2.5 Emotionalisierung	Was kannst du über die Stimmung des Bildes sagen?
TA	SS: harmonisch, fröhlich, ...
2.7 Malweise	Wie stellt Signac die Blätter dar?
	SS: Nur nebeneinandergesetzte Farbtupfer
	Wie malt er das Wasser?
	SS: Kurze, waagerechte, kräftige Striche
	Wie nahe mußt du am Bild sein, damit es wirkt?
	SS: Je weiter weg, desto klarer
TA	Pointillismus ...
2.8 Farben	Welche Farben verwendet Signac?
	SS: Weiß, blau, grün, orange ...
TA	Signac verwendet nur Primärfarben = rot, gelb, blau und Sekundärfarben = orange, grün, ...
	Klärung, wie Sekundärfarben entstehen
3. Gestaltungsaufgaben	
1. Aufgabe/AB	Genaue Farbbeschreibung/Grundfarben/ Sekundärfarben
2. Aufgabe/AB	Farbkreis/Herstellen von Farbtönen
3. Aufgabe/AB	Farben aus Punkten - die Maltechnik des Impressionismus
4. Aufgabe/AB wenn möglich mit 200% vergrößern	Nachgestalten des Bildes 'An der Seine' Die Umrisse sind schemenhaft vorgegeben, die Schülen sollen sich an die Farbgebung Signacs halten. Der Farbauftrag geschieht am besten mit den Fingern

Wir basteln einen Sucher:

Manchmal ist auf einem Bild sehr viel zu sehen, du aber möchtest dich nur auf eine Stelle, man sagt dazu ein Detail, konzentrieren können. Nun, dann brauchst du einen Sucher.

1. Schneide den weißen Rand und das weiße Innenrechteck dieses Arbeitsblattes weg.

2. Schneide den so erhaltenen Rahmen an den angegebenen Stellen in zwei Teile.

3. Lege die so erhaltenen L-förmigen Rahmenteile so aufeinander, daß in der Mitte ein Rechteck freibleibt.

4. Lege deinen Sucher nun auf das Bild. Durch Verschieben der Rahmenteile kannst du den Bildausschnitt wählen, der dich interessiert.

Gleichgewicht und Harmonie

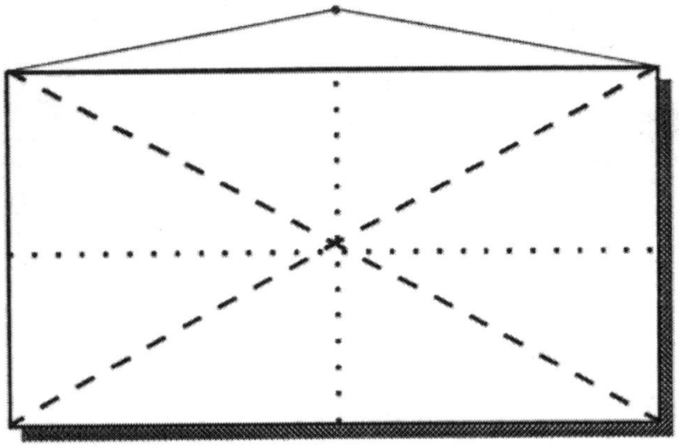

Hier siehst du die senkrechten und waagerechten Bildachsen und die Diagonalen. Sie geben den Mittelpunkt des Bildes an.

Der Mann steht genau im Mittelpunkt. Dieses Bild wirkt ruhig, vielleicht etwas langweilig.

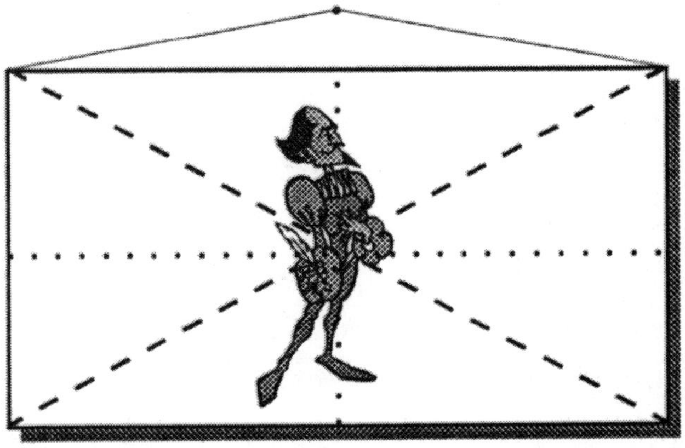

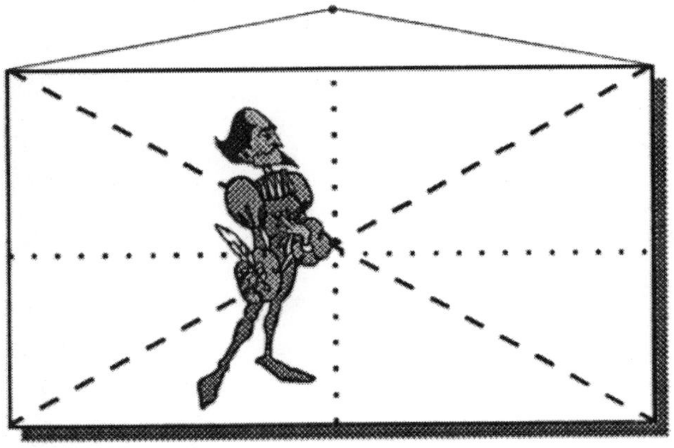

Verschieben wir den Mann etwas auf die Seite, so erzeugen wir damit Spannung.

Zu starkes Verschieben auf eine Seite bringt das Bild aus dem Gleichgewicht. Es wirkt verwirrend.

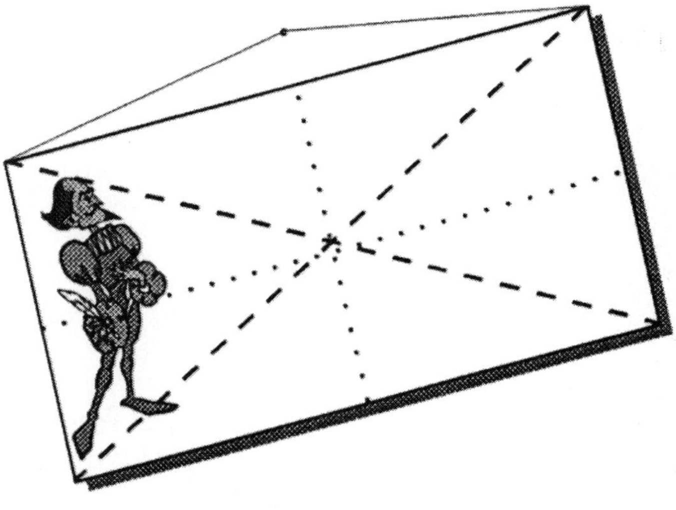

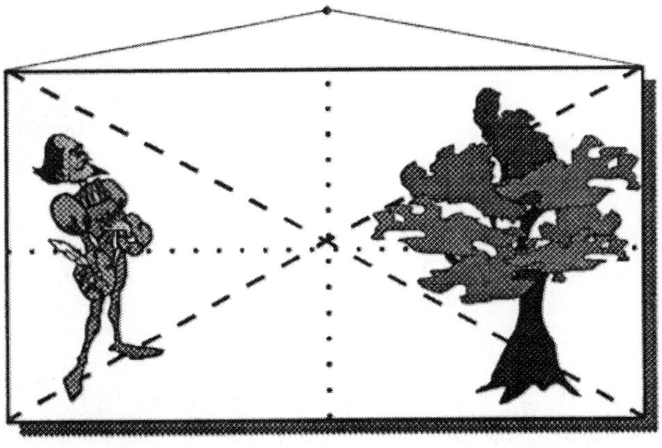

Dieses Bild wirkt ausgeglichen, obwohl unser Mann immer noch ganz auf der linken Seite steht. Der Baum auf der anderen Seite wirkt als Gegengewicht.

Was ist deine Lieblingsfarbe? Rot, Gelb, Blau oder eine andere? Überlege, wie du diese Farbe möglichst genau mit Worten beschreiben kannst. Denn es nützt nicht viel zu sagen: „Ich mag Grün am liebsten." Der eine denkt dabei vielleicht an 'Grasgrün', ein anderer an 'Flaschengrün'. Stelle dir also zuerst deine Lieblingsfarbe genau vor, dann beschreibe sie!

Rot, Gelb und Blau sind die drei Grundfarben. Man kann sie nicht durch Farbmischung herstellen. Sie sind die Grund- oder Primärfarben, aus denen alle anderen Farben gemischt werden. Wenn du diese Grundfarben gleichmäßig miteinander mischt, erhältst du die drei Sekundärfarben Orange, Grün und Violett.

Benütze deinen Malkasten:

Gib den drei inneren Feldern die Grundfarben!

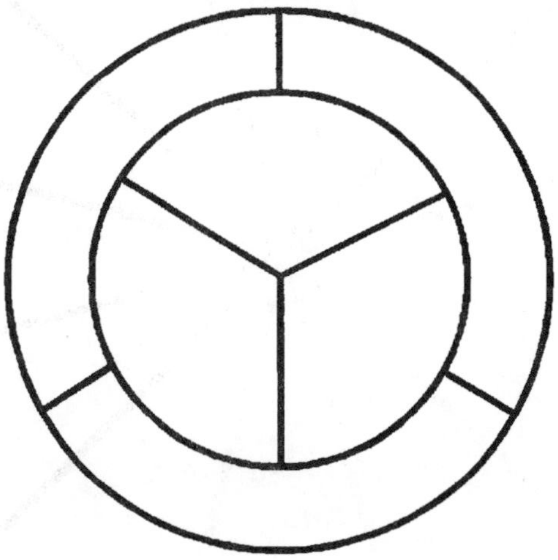

Für die drei Außenfelder brauchst du die Sekundärfarben.

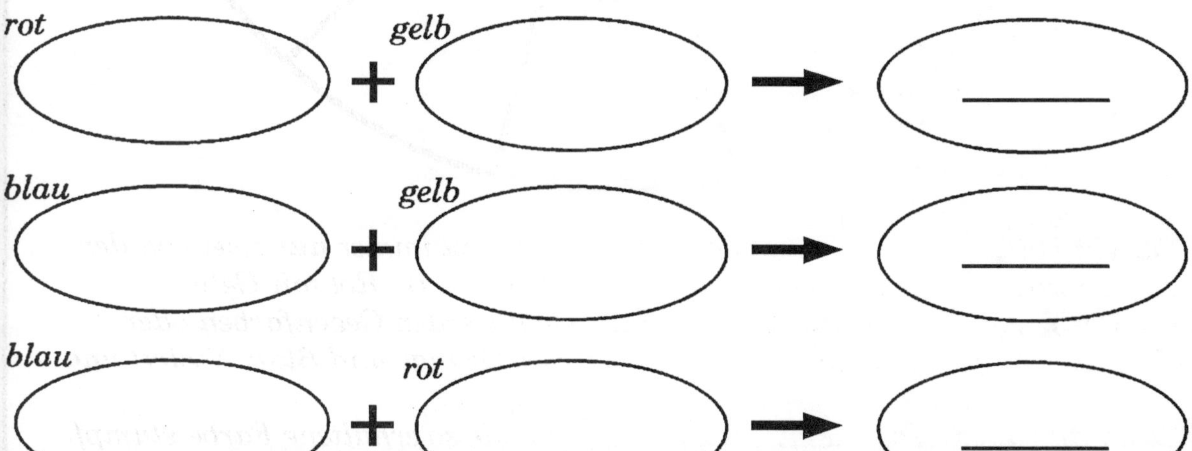

Herstellen von Farbtönen:

Wenn du verschiedene Mengen der Grundfarben mischst, erhältst du unterschiedliche Abstufungen der Sekundärfarbe. Viel Blau und wenig Gelb gibt so Blaugrün.

Hier siehst du einen Farbkreis, der aus 12 Segmenten besteht.
Die Segmente mit den Grundfarben sind bereits beschriftet. Male sie an!
Nun wird es spannend: Für das mittlere Feld zwischen zwei Grundfarben mische diese im Verhältnis 1:1; für die Felder neben den Grundfarben benutze mehr von der benachbarten Grundfarbe und wenig von der entfernten Grundfarbe.

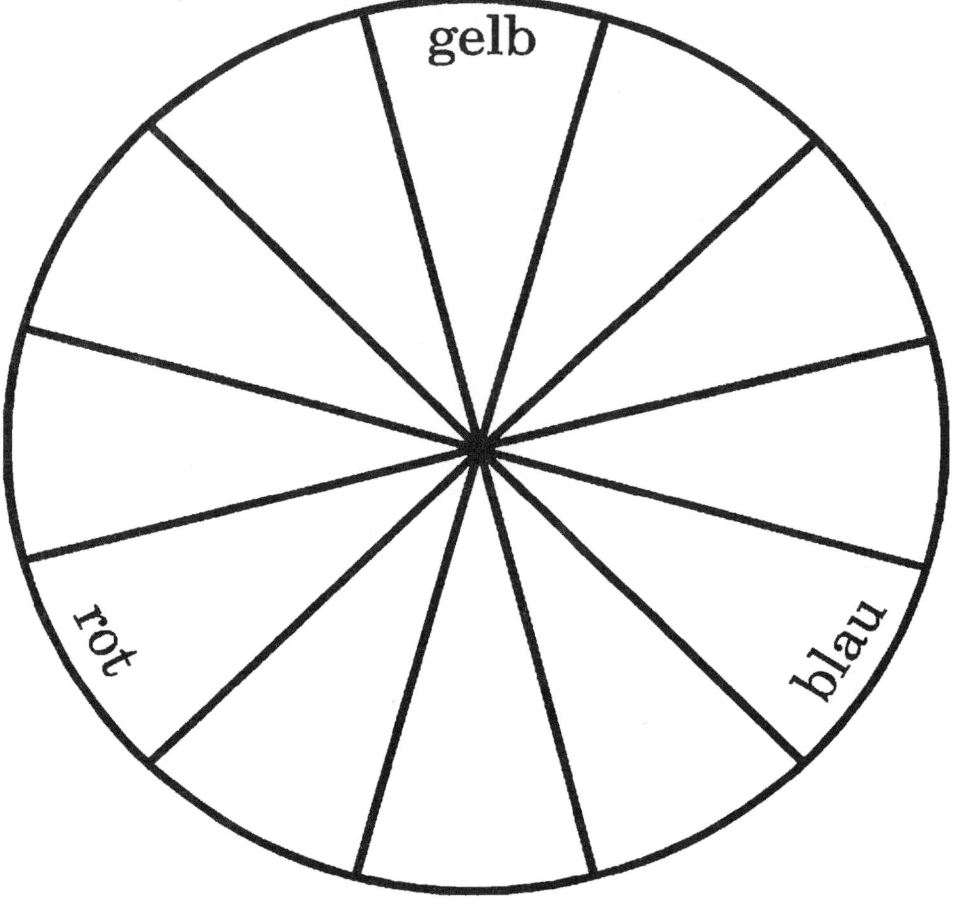

Für ein klares Orange, Grün oder Violett darfst du immer nur zwei von den drei Grundfarben miteinander mischen. Also nur z.B. Rot mit Gelb.
Die Farben, die sich im Kreis gegenüberstehen werden Gegenfarben oder Komplimentärfarben genannt: Grün und Rot, Orange und Blau, Violett und Gelb usw.
Wenn du Gegenfarben zumischst, dann wirkt die so erhaltene Farbe stumpf.
Mit Schwarz oder Weiß kannst du die Farben abdunkeln oder aufhellen.

Farben aus Punkten - die Maltechnik des Impressionismus

Die Stilrichtung des Impressionismus entstand etwa 1860 in Frankreich. Sie stellt den Beginn der modernen Malerei dar. Ziel der Impressionisten war es, den augenblicklichen Seheindruck von Licht und Farbe darzustellen. So versuchten sie, die Eindrücke der Sonnenspiegelung wiederzugeben, die wir beim Betrachten von Gebäuden, Landschaften usw. haben. Für sie war das 'Wie' der Darstellung wichtiger als das 'Was'. Sie gestalteten ihre Bilder, statt wie bisher üblich, aus durchgehenden Linien und großen Farbflächen, aus reinen Farbpunkten oder kurzen Pinselstrichen. Die meisten impressionistischen Maler verwandten nur Primär- und Sekundärfarben, die sie z.T. noch mit Weiß aufhellten. Diese neue Technik des Farbauftrages führte zu einer weiteren Neuerung: sie schafft das Farbmischen, das die Künstler auf der Palette vorgenommen hatten, ab. Nun übernimmt das Auge des Betrachters diese Aufgabe. Die Farbpunkte mischen sich von selbst im Auge, wenn man das Bild aus genügendem Abstand betrachtet. Auf diese Weise gelang es, die Frische und Leuchtkraft des Sonnenlichtes sichtbar zu machen.

Trage verschiedene Blautöne mit kurzen, waagerechten Pinselstrichen auf!

Benutze deinen Zeigefinger um gelbe und rote Farbpunkte eng nebeneinander zu setzen.

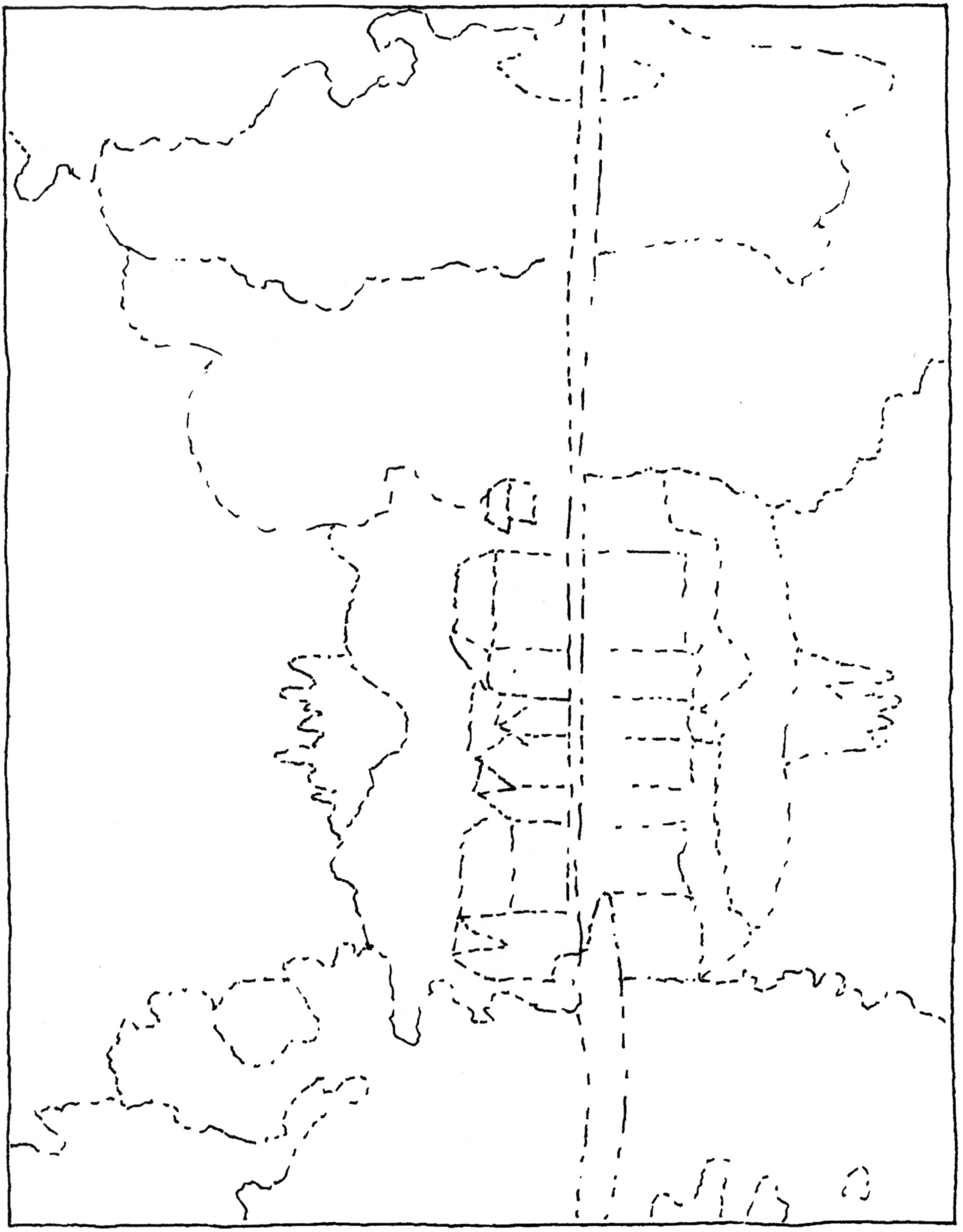

Der Künstler :

sein Leben - sein Werk

August Macke

1887 -1914

August Macke wurde am 3. Januar 1887 in Meschede im Sauerland als Sohn eines Bahningenieurs geboren. Er begeisterte sich schon im Gymnasium für Kunst. Vorzeitig verläßt er die Schule und beginnt ein Studium an der Düsseldorfer Kunstakademie, wechselt aber bald an die Kunstgewerbeschule. Dort lernt er, das Wesentliche eines Themas herauszuholen. Der junge Mann arbeitet anschließend als Bühnenbildner. Er unternimmt eine Vielzahl von Reisen; so nach Italien, Holland, Belgien, London und Paris. Von den französischen Impressionisten ☞ beeindruckt, findet Macke zu seiner Art der Darstellung. Hauptsächlich arbeitet er im Freien, seine Motive sind alltägliche, wie Menschen beim Spaziergang, beim Einkaufen usw. Wichtig für ihn sind helle, reine Farben, die er flächig aufträgt, weniger die Detailtreue.

Macke heiratet 1909 und zieht gemeinsam mit seiner Frau und dem gerade geborenen Sohn an den Tegernsee. Dort lernt er den Maler Franz Marc ☞ kennen. Er beteiligt sich an den Ausstellungen der 'Blauen Reiter' ☞ . 1911 zieht er nach Bonn. Eine Nordafrikareise mit Künstlerkollegen beeindruckt ihn sehr.

Am 8. August 1914 wird Macke zum Militär eingezogen; kurz vorher entsteht noch das Bild 'Der Abschied' - als eine dunkle Ahnung des Kommenden. Am 26. September fällt Macke im Alter von 27 Jahren im Weltkrieg.

Der Abschied 1914

August Macke: Leute am blauen See (1913)

Tafelbild:

Leute am blauen See von August Macke

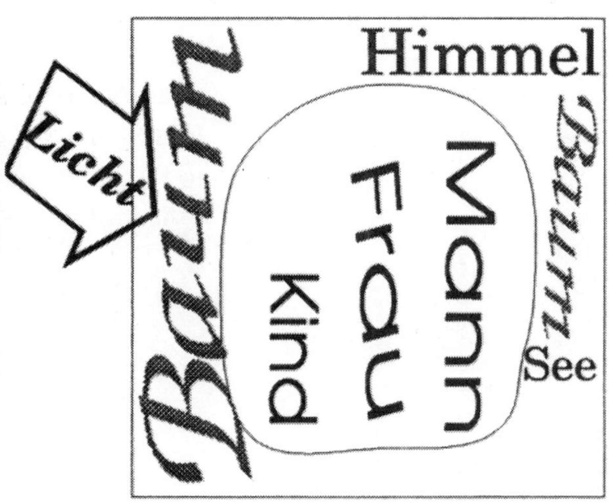

geboren: 1887

helle, warme, leuchtende Farben

fröhliche, harmonische Stimmung

glückliche Familie

Sonnenlicht ⟶ Kind

im 1. Weltkrieg gefallen: 1914

Lichtseite = hell *dunkel = Schattenseite*

„Vom Kunstwerk verlangen wir keine genaue Aufzählung alles dessen, was in der Natur vorhanden ist.“

Stundenskizze:

Methode	Inhalte
1. Hinführung Farbfolie	Ich habe dir heute ein Bild von einem bekannten deutschen Maler mitgebracht
2. Betrachtung 2.1 Bildinhalt TA	Was siehst du? SS: Menschen, Bäume, ... Wie könnte dieses Bild heißen? SS: Sonntagsspaziergang ... **Leute am blauen See** von **August Macke** Beschreibe die Kleidung der Leute! SS: Mann im braunen Anzug, ...
2.2 Bildaufbau TA	Wie ist das Bild aufgebaut? SS: In der Mitte Mann, Frau und Kind Rechts und links Bäume ...
2.3 Farbgebung Folie evtl. als Overlay TA	 Erzähle uns etwas zu den Farben! SS: hell, warm, leuchtend, flächig, ...
2.4 Emotionalisierung TA 2.5 Licht TA	Was kannst du über die Stimmung des Bildes sagen? SS: harmonisch, glücklich, fröhlich, ... Woher kommt das Licht?/Was wird beleuchtet? Familie i.b. Kind im Sonnenlicht;
3. Das Leben des Künstlers L erzählt oder AB	Als August Macke dieses Bild malte war er 26 Jahre jung, er war verheiratet und hatte einen 4-jährigen Sohn. SS: Seine eigene Familie gemalt, sein Kind als Lichtblick, ... Weltkrieg - ein Jahr später tot
4. Gestaltungsaufgaben Farbfolie TA AB1 AB2 Folie als AB kopiert	Schaue dir den Kopf des Mannes genau an! SS: Details fehlen Dieser Satz ist von August Macke! Es geht nicht um die Einzelheiten, sondern um die Stimmung, das Licht! Hier kannst du üben. Gesamtbild nachgestalten oder freies Gestalten zum Thema 'Familienausflug'

Wenn du zu einer Frabe Weiß oder Schwarz hinzufügst, ändert sie ihren Tonwert. Versuche es, indem du Blau zuerst mit Weiß, dann mit Schwarz mischt. Wiederhole den Versuch mit anderen Farben! Du wirst feststellen, daß sich bei manchen Farben nicht nur der Tonwert, sondern ihr ganzes Aussehen verändert.

Lichtseite ⇨ ____________ ____________ ⇦ ***Schattenseite***

Zeichne ein, woher das Licht kommt, dann vervollständige die Vorlage!

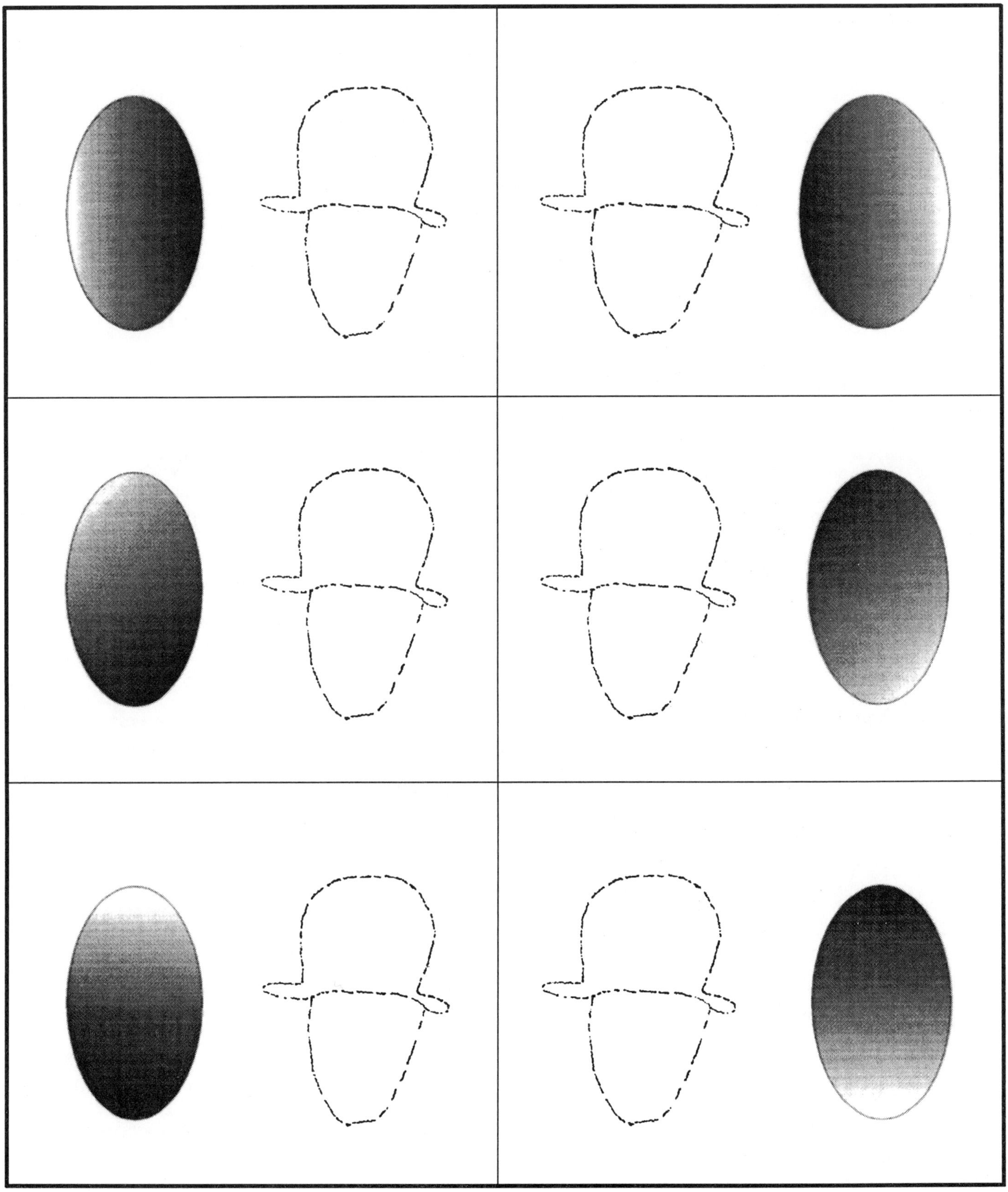

Ein Mann gekleidet nach der Mode von

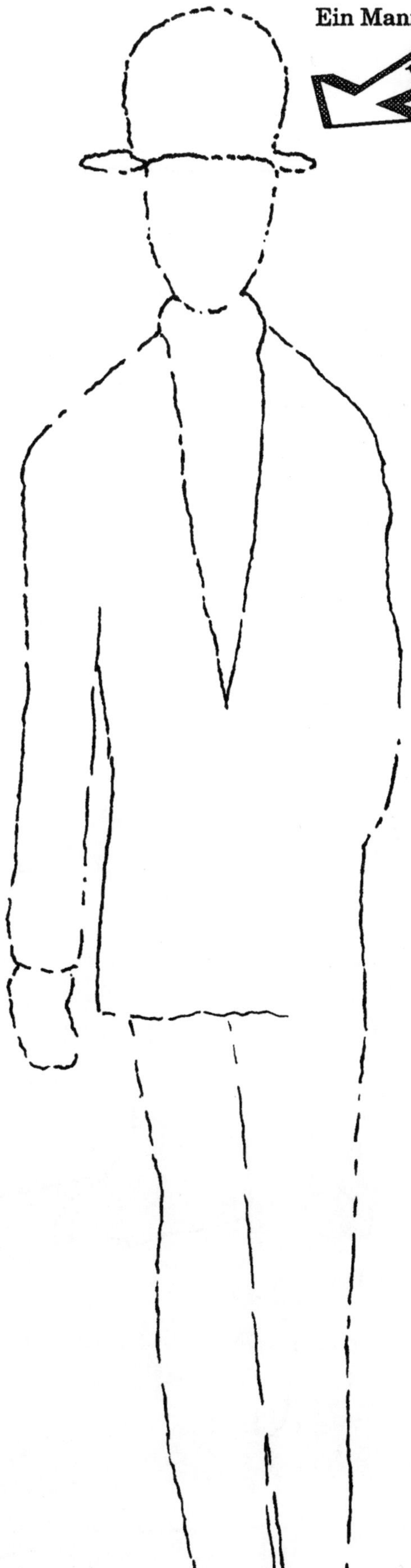

Der Künstler :
sein Leben - sein Werk

Franz Marc

(1880 -1916)

Franz Marc wurde am 8. 2. 1880 als Sohn eines Malers in München geboren. Nach dem Abitur folgte er dem Vorbild seines älteren Bruders und begann Theologie und Philosophie zu studieren. Nach seiner Wehrdienstzeit wechselte er aber zur Malerei. Ab 1900 besuchte er die Münchener Kunstakademie. Dort malte der romantisch verträumte Jüngling vorwiegend wirklichkeitsnahe Bilder geschichtlicher Ereignisse. Am Ende seiner Akademiezeit reiste er zuerst nach Italien (1902), dann nach Frankreich (1903). Die Darstellungsweise der Impressionisten ☞ und der japanischen Holzschnitte ☞ beeindruckten ihn sehr, und er begann nun freier und lockerer, hauptsächlich Tierbilder zu malen. Noch war er unzufrieden mit sich, ihm waren seine Werke noch zu realistisch. Es war eine schwere Zeit für Marc, seine Bilder fanden keinen Anklang, er hatte wenig Geld und eine unüberlegte Ehe wurde bald wieder geschieden. 1907 reiste er wieder nach Paris, wo ihn besonders die Werke van Goghs ☞ sehr beeindruckten. Diese Eindrücke sowie die Freundschaft mit August Macke ☞ verhalfen ihm zu seinem eigenen Stil. Er malte jetzt vorwiegend Tierbilder, die sich durch ihre rhythmisch geordneten Formen und ihre gegenstandsungebundenen Farben auszeichnen. So malte er u.a. blaue Pferde auf roten Wiesen. Er verwendete die Farben nicht mehr, wie er sie mit den Augen sah, sondern wie er sie fühlte. 1911 gründete er gemeinsam mit dem Maler Kandinsky die Künstlergruppe 'Der Blaue Reiter' ☞ . Zusammen mit seinem Freund Macke unternahm er verschiedene Reisen. Seine Bilder wurden zunehmend abstrakter, d.h. Tiere, Gegenstände und Landschaften lösten sich immer mehr von der Realität. Diese Bilder bestehen nur noch aus abstrakten Form- und Farbklängen.

Franz Marc, einer der liebenswertesten und bedeutensten Künstler unseres Landes wurde nur 36 Jahre alt. Er fiel 1916 im Ersten Weltkrieg. Wie Millionen junger Männer wurde er in einem sinnlosen Krieg getötet.

Franz Marc: Der Tiger (1912)

Tafelbild:

Franz Marc: Der Tiger

Der Tiger schaut gespannt und regungslos auf seine Beute.

Das ganze Bild besteht aus lauter eckigen, geometrischen Formen.

Farben:
Tiger: gelb und schwarz
Dschungel: rot, grün, violett, ...

Abstraktion:
Die Auflösung in einfache Formen und klare Farben soll das Wesentliche hervorheben.

Stundenskizze:

Methode	Inhalte
1. Hinführung	*Heute habe ich dir ein Tierbild mitgebracht. Aber bevor wir uns das Bild anschauen, möchte ich, daß wir uns überlegen, wie du als kleines Kind Tiere oder Menschen gezeichnet hast. Wie wäre es mit einem Männchen und einer Kuh?*
TA Strichzeichnungen	
2. Analyse	
UG	*Die Figuren werden in einfache Formen zerlegt. Kleine Kinder wählen klare Farben.*
3. Kunsthistorischer Exkurs	*Früher war es das Ziel der Maler, etwas möglichst wirklichkeitsnah darzustellen. Vor knapp 100 Jahren hatten einige Künstler die Idee, das Wesentliche eines Bildes hervorzuheben. Zu diesen Künstlern gehörte*
TA	*auch Franz Marc.*
4. Bildbetrachtung	
Farbfolie	*SS: erste Spontaneindrücke*
UG	*Wie könnte dieses Bild heißen?*
TA	*SS: Der Tiger* *Versuche, den Tiger zu beschreiben!* *SS: aufgewacht, gespannt, ...* *Wohin schaut er?* *SS: Beute, ist aber nicht zu sehen ...* *Was könnte als nächstes geschehen?* *SS: Der Tiger springt auf ...* *Wo befindet sich der Tiger?* *SS: Er liegt im Dschungel* *Was sagst du zu den Farben?*
TA	*Tiger: ... Dschungel: ...*
5. Abstraktion	
	Hat der Maler alles wie auf einem Foto dargestellt? *SS: Er hat alles in Dreiecke zerlegt ...* *Marc hat das Bild nicht sehr wirklichkeitsnah gemalt und trotzdem kannst du alles genau erkennen!* *SS: Er hat das Bild vereinfacht ...*
TA	*Abstraktion*
6. Gestaltungsaufgaben	

Gestaltungsaufgabe

Gib dem Tiger seine Farben, verstecke ihn dann im dichten Dschungel und laß ihn ein Beutetier beobachten!

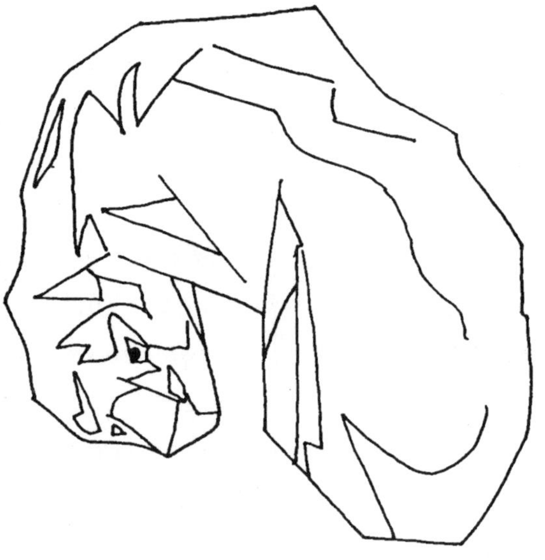

Raubkatzen

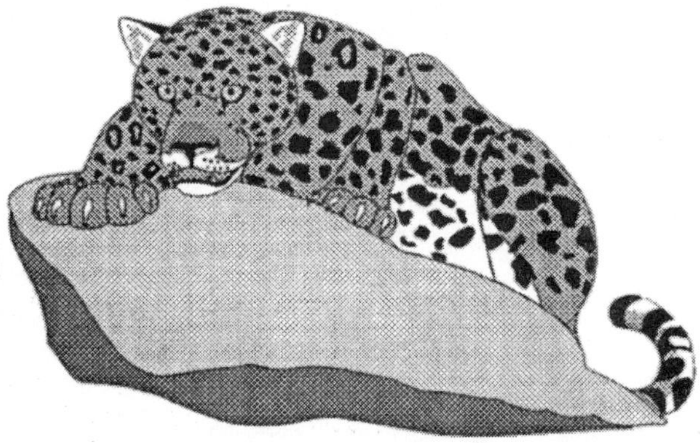

Raubkatzenmaske

1. *Schneide die angemalte Maske sorgfältig aus.*
2. *Die gepunkteten Flächen müssen nach innen geklebt werden.*
3. *Befestige ein Gummiband und fertig ist die Raubkatzenmaske.*
4. *Jetzt kannst du dir Spiele ausdenken.*

Spielvorschläge:

☺*Alle sind ganz leise. Die Raubkatze schläft, da bewegt sich jemand, die große Katze wacht auf und schaut neugierig in die Runde. Jetzt sind alle mucksmäuschenstill; denn die Katze ...*

☺*Die Raubkatze ist auf Jagd. Sie schleicht durch das Klassenzimmer. Alle verhalten sich ganz still und bewegen sich nicht, denn die Raubkatze sucht nach Beute. ...*

☺*Zwei Raubkatzen treffen sich. ...*

☺*Ein Jäger stellt der Raubkatze nach. ...*

Raubkatzenmaske

- Überlege dir zuerst, welche Raubkatze es werden soll, ein Tiger, ein Leopard, ein Panther, eine Löwin oder vielleicht deine Hauskatze. Male nun die Maske entsprechend an!
- Der Mund fehlt! Eine fröhliche Raubkatze hat die Mundwinkel nach oben, eine ärgerliche nach unten. Du kannst sie aber auch die Zähne zeigen lassen.
- Schneide die angemalte Maske nun sorgfältig aus.
- Beachte, daß die gepunkteten Flächen nach innen geklebt werden müssen.
- Befestige noch ein Gummiband und fertig ist die Maske.
- Mit der Maske kannst du dich schnell in eine Raubkatze verwandeln und tolle Szenen spielen.

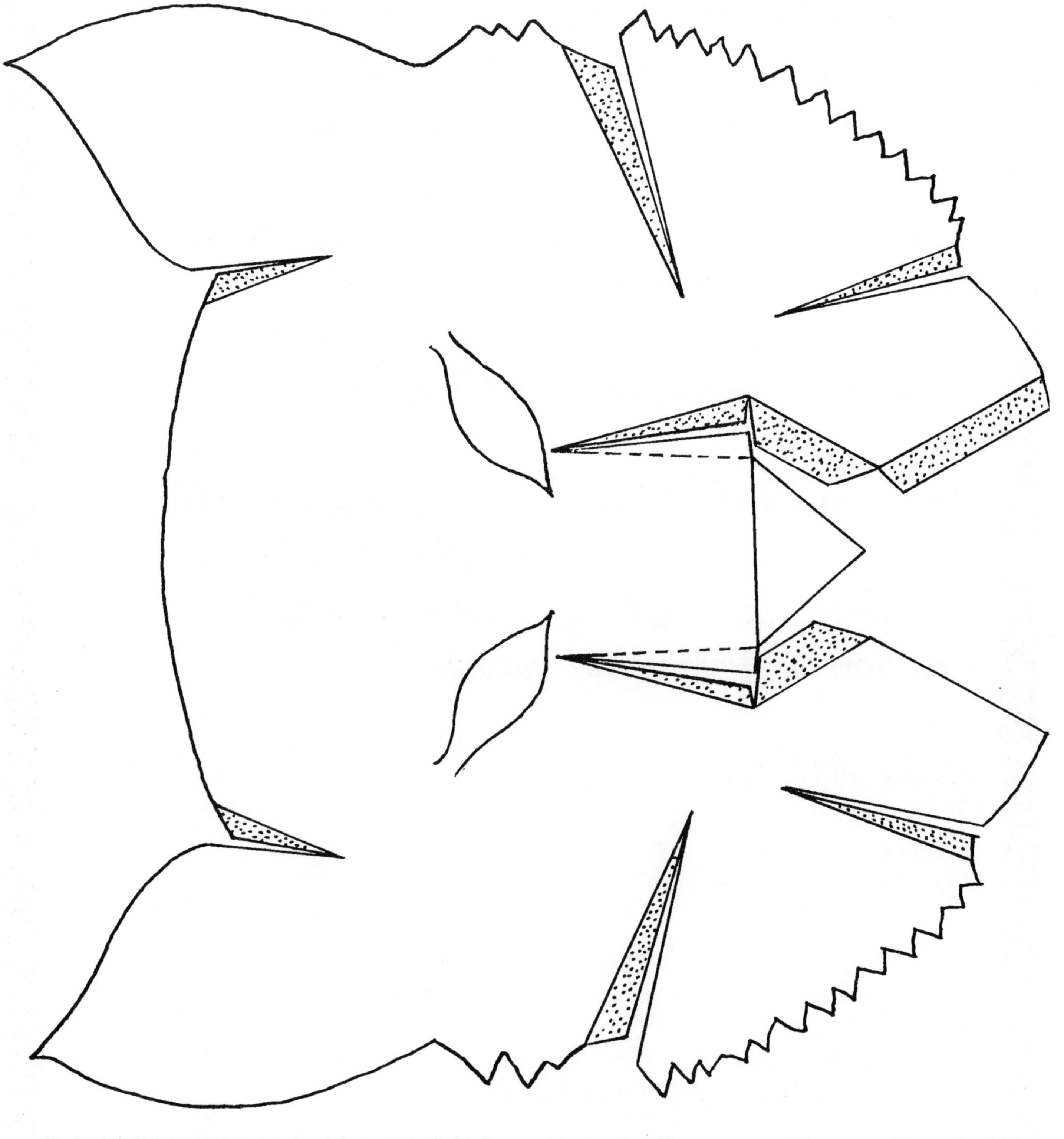

Der ....

Sein Blick ist vom Vorübergehn der Stäbe
so müd geworden, daß er nichts mehr hält.
Ihm ist, als ob es tausend Stäbe gäbe
und hinter tausend Stäben keine Welt.

Der weiche Gang geschmeidig starker Schritte,
der sich im allerkleinsten Kreise dreht,
ist wie ein Tanz von Kraft um eine Mitte,
in der betäubt ein großer Wille steht.

Nur manchmal schiebt der Vorhang der Pupille
sich lautlos auf -. Dann geht ein Bild hinein,
geht durch der Glieder angespannte Stille -
und hört im Herzen auf zu sein.

Rainer Maria Rilke

1. Von welchem Tier könnte das Gedicht handeln?
2. Wo befindet es sich?
3. Wie fühlt es sich?
4. Was wünscht es sich? Wovon träumt es?

Antike

Im allgemeinen bezeichnet man damit das griechisch-römische Altertum. Es beginnt ca. 2000 v.Chr. mit der Einwanderung der Griechen und endet mit dem Untergang des weströmischen Reiches im 5. Jh.

Renaissance

Renaissance ist das französische Wort für 'Wiedergeburt'. Gemeint ist damit die Wiedergeburt der Kunst und Literatur nach antiken Vorbildern (Antike ☞). Zur bisherigen Darstellung rein christlicher Motive tritt nun in der R. der Mensch, treten weltliche Themen. Die R. breitet sich ab dem frühen 15. Jh. von Italien aus über ganz Europa aus.

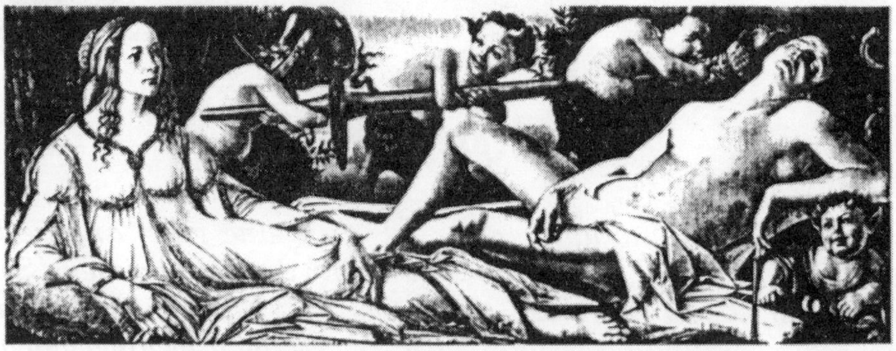

Goldener Schnitt

Der 'Goldene Schnitt' ist nichts anderes, als ein Größenverhältnis von Linien. Es wurde vor über 2000 Jahren von den Griechen Euklid und Plato entwickelt.
Dieses Verhältnis tritt z.B. auf, wenn man eine Strecke in zwei ungleiche Teile unterteilt; wobei das Verhältnis des kürzeren Teiles zum längeren gleich ist dem Verhältnis des längeren zum kürzeren. In der Praxis verhalten sich die Teile etwa wie 5 : 8. Der 'Goldene Schnitt' wurde und wird gerne von Malern, Architekten und Möbeldesignern verwendet, weil die so entstehenden Proportionen besonders harmonisch sind.

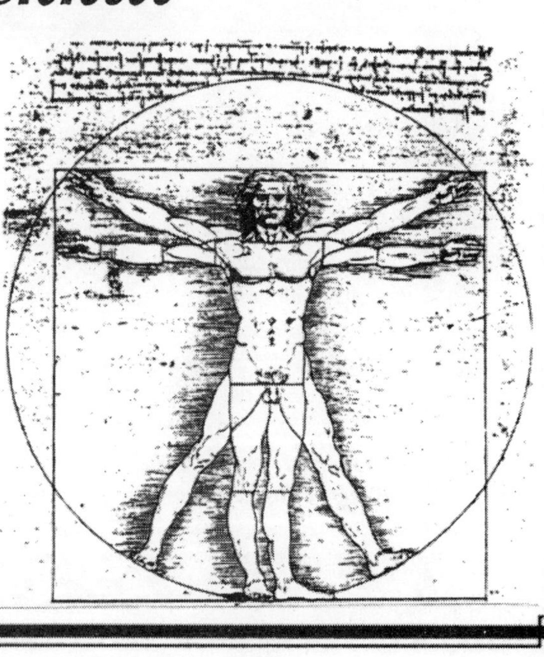

Klassizismus

Am Ende des 18. Jahrhunderts entwickelte sich in Europa eine große Vorliebe für die Antike ☞ . Die Ausgrabungen der vom Vesuv verschütteten Städte Pompeji und Herkulaneum hatten das allgemeine Interesse dafür geweckt. Alles, was man dort gefunden hatte, war in zahllosen Kopien in ganz Europa bekannt geworden und diente nun vielen Malern, Architekten und Bildhauern als Anregung. Die neue Kunstrichtung, die so entstand, bekam wegen ihrer Vorliebe für die griechische und römische Klassik den Namen **Klassizismus**. *Den Künstlern ging es um edle, klare Formen und um klassische Motive. Die Bilder wurden genau geplant, so die Anordnung und die Haltung der Personen, und sogar der Faltenwurf der Gewänder wurde willentlich gestaltet.*

Romantik

Der Klassizismus blühte noch lange, als sich eine ganz andere Idee durchzusetzen begann. Neben der Bewunderung für die vollkommene Schönheit der Antike suchten die Künstler, Maler, Dichter und Komponisten, nun auch nach dem Menschlichen und Ursprünglichen. Sie strebten weniger nach der vollendeten Form, die sich nach starren Regeln (Goldener Schnitt ☞) genau berechnen und planen ließ, sondern sie wollten ihre eigenen Gefühle und ihre Empfindungen darstellen. Tod, Trauer, Einsamkeit und das Erleben der göttlichen Natur sind häufige Themen. Gefühl und Phantasie, z.T. auch sehnsuchtsvolle Schwärmerei treten in den Vordergrund. Der Traum kann zur Wirklichkeit werden, die reale Welt kann sich in eine Traumwelt verwandeln.

Die Romantik ist zwar keine typisch deutsche Erscheinung, aber in Deutschland erfuhr sie ihre vielseitigste Ausprägung.

Ich stehe im Waldschatten

*Ich stehe im Waldschatten
wie an des Lebens Rand,
die Länder wie dämmernde Matten,
der Strom wie ein silbern Band.
Von fern nur schlagen die Glocken
über die Wälder herein,
ein Reh hebt den Kopf erschrocken
und schlummert gleich wieder ein.
Der wald aber rühret die Wipfel
im Traum von der Felsenwand,
denn der Herr geht über die Gipfel
und segnet das stille Land.*

Joseph von Eichendorff

Drucktechniken

Seit der Erfindung des Papiers haben sich die meisten Zeichner nicht damit begnügt, ihre Arbeit als einmalige Leistung auszuführen. Sie übertrugen die Zeichnung auf ein Material, das eine mehr oder weniger begrenzte Anzahl von Drucken erlaubt.
Schon vor vielen tausend Jahren benutzten die Völker des Zweistromlandes und Chinas Stempel, meist aus Holz, die eingefärbt und auf Stoff oder Ton abgedruckt wurden. Aber erst mit der Verbreitung des Papiers und der Erfindung der Buchdruckerkunst wurde die Wiedergabe selbst feiner Zeichnungen möglich.
Es gibt drei grundlegend verschiedene Verfahren:

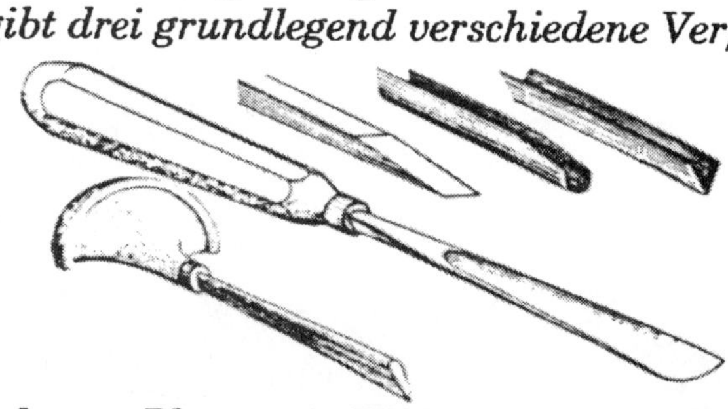

*Beim **Hochdruck** wird aus einer ebenen Platte mit Hilfe geeigneter Werkzeuge alles, was ohne Farbe bleiben soll herausgeschnitten. Die hochstehenden Linien und Flächen werden, wie beim Stempel mit Druckerfarbe eingefärbt. Durch den Druck entsteht eine spiegelverkehrte Abbildung. Das einfachste Verfahren zur Herstellung einer Hochdruck-Platte ist der Linolschnitt. Der Holzschnitt entsteht im Prinzip ebenso, nur ist noch größeres handwerkliches Geschick erforderlich und viel Übung; außerdem geeignetes Holz und bessere Werkzeuge.*

*Beim **Tiefdruck** werden in eine Metallplatte, meist Kupferplatte (Kupferstich) Linien eingeritzt; die hochstehenden Restflächen bleiben blank, das heißt, man reibt sie nach dem Einfärben der Platte wieder sorgfältig ab. Wird nun ein angefeuchtetes Papier mit großem Druck auf die Platte gepreßt, so saugt es die Druckerfarbe aus den Vertiefungen.*

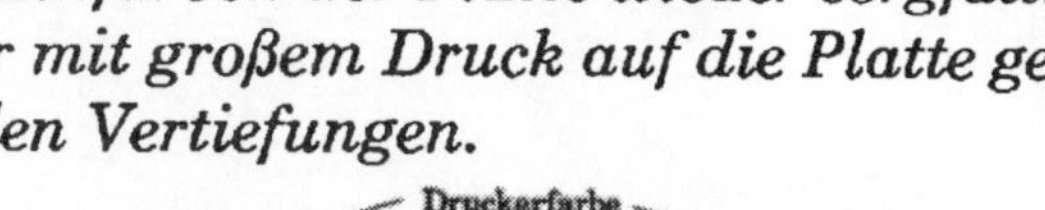

*Beim **Flachdruck** wird mit einem Fettstift auf eine trockene Steinplatte aus Solnhofer Schiefer gezeichnet, dann die Fläche mit Wasser befeuchtet. Die aufgewalzte, fetthaltige Druckerschwärze haftet nur dort, wo mit der Fettkreide gezeichnet worden war. Die Druckerschwärze überträgt so die Zeichnung auf das aufgepreßte Papier.*

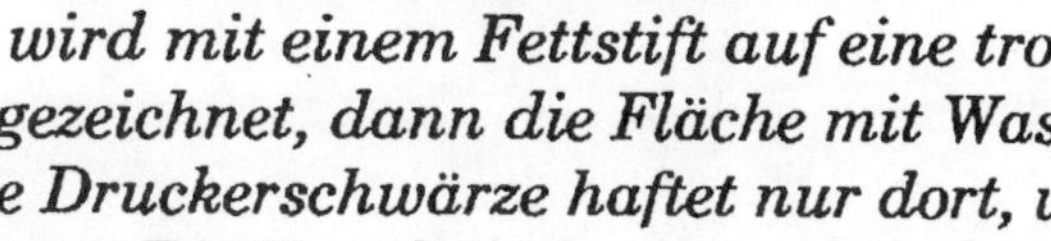

Holzschnitte

Der Blaue Reiter

Der Blaue Reiter war eine Künstlervereinigung, die 1911 in München gegründet wurde. Die Künstler hatten zum Ziel, gegen die herrschende Kunstauffassung zu rebellieren. Sie wollten die bisherigen Grenzen des künstlerischen Ausdrucksvermögens erweitern und eine eigene Bildwelt schaffen. Ihre Bilder zeigten nicht mehr die Wirklichkeit wie du sie mit deinen Augen siehst. Tiere, Menschen und Pflanzen wurden aus einfachen geometrischen Formen zusammengesetzt. Die Farben kamen mehr aus dem Gefühl. Mit dieser Auflösung der Wirklichkeit in abstrakte Formen und Farben sollte ein intensiverer Eindruck erreicht werden. Die Beschränkung auf das Wesentliche, die Übermittlung der Stimmung stand im Vordergrund des künstlerischen Schaffens.

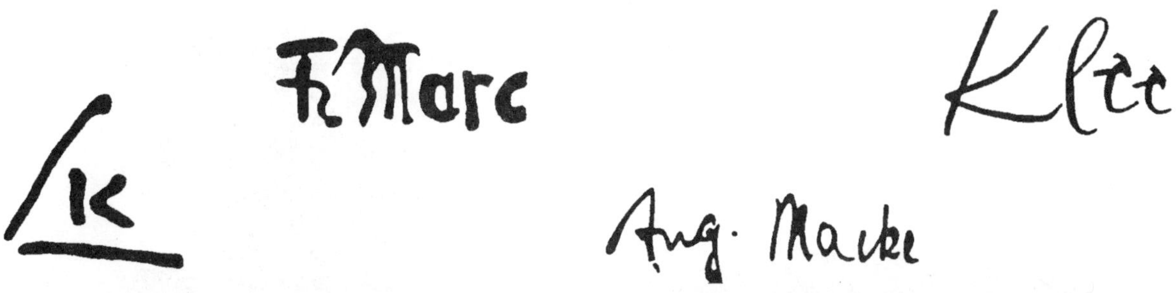

Die Kunst des 'Blauen Reiter' ist hervorgegangen aus einer russisch-deutschen Künstlerbewegung auf bayerischem Boden. Russische Kunststudenten zog es Anfang des Jahrhunderts nicht nur nach Paris, viele kamen auch nach München, das damals die deutsche Kunstmetropole war. Hier trafen sich Alexej von Jawlensky, ein ehemaliger Offizier, Marianne von Werefkin, Wassily Kandinsky, ein ehemaliger Rechtsanwalt, sowie der Schweizer Paul Klee und der Münchner Franz Marc. Nach dem Studium zog es die jungen Künstler aufs Land. Kandinsky nach Murnau am Staffelsee, Franz Marc nach Sindelsdorf. In Sindelsdorf treffen sich die beiden häufig. Sie beschließen 1909, der herrschenden Kunstauffassung entgegenzutreten und gemeinsam in München auszustellen. Sie beginnen ein Jahrbuch herauszugeben, das ihre Ideen und Werke beschreibt. Diesen Almanach nennen sie 'Der Blaue Reiter'. Kandinsky berichtet in einem Brief: „Den Namen 'Der Blaue Reiter' erfanden wir am Kaffeetisch in der Gartenlaube in Sindelsdorf, beide liebten wir Blau, Marc - Pferde, ich - Reiter. So kam der Name wie von selbst ..."

Dieser kleinen Künstlergruppe schließen sich bald auch der Rheinländer August Macke und der Schweizer Paul Klee an. 1912 erscheint das erste Jahrbuch, 1914 ein weiteres. Der Ausbruch des Ersten Weltkrieges setzte dem Schaffen der Gruppe ein jähes Ende; Kandinsky kehrte 1914 nach Rußland zurück, Macke fiel 1914 und Marc 1916. Die Künstler des 'Blauen Reiter' zählen heute zu den bedeutensten Malern.

Kunst ist frei

Kunst ist frei - das war bei uns in Deutschland nicht immer so. Nachdem 1933 Adolf Hitler mit seinen Gesinnungsgenossen an die Macht gekommen war, setzte dieser Größenwahnsinnige alles daran, auch alle Bereiche der Kunst für seine rassistischen und kriegstreibenden Ideen zu benutzen. Unzählige Bücher vorwiegend jüdischer Schriftsteller und Dichter wurden öffentlich verbrannt, und der Verkauf verboten. Unter diesen Büchern waren auch so bekannte wie 'Emil und die Detektive' oder 'Das doppelte Lottchen' von Erich Kästner. Vielen Schauspielern, Bildhauern, Zeichnern und Komponisten verbot man das Weiterarbeiten. Du kennst sicher die Bildergeschichten von 'Vater und Sohn' - auch sie wurden verboten. Die Bilder vieler Maler wurden aus den Ausstellungen entfernt und z.T. zur Aufbesserung der Kriegskasse ins Ausland verkauft. Von den acht Künstlern, die in diesem Heft vorgestellt werden, betraf das Vincent van Gogh, Franz Marc und August Macke.

Vincent van Goghs *Bilder wurden, in Anspielung auf seinen Aufenthalt in einer Nervenheilanstalt, als die Werke eines 'Irren', als 'geistesgestört' bezeichnet.*

Sonnenblumen in einer Vase (1888)

Im Rahmen der Aktion 'Entartete Kunst' wurden 1937 weit über 100 Arbeiten **Franz Marcs** *aus den deutschen Museen entfernt und von den Nazis beschlagnahmt.*

Blaues Pferd (1911)

Auch die Bilder **August Mackes** *wurden von den Nazis beschlagnahmt. In einer Nazizeitung stand damals zu lesen: „Der üble Schmierant August Macke, dessen Pinselstrich anzusehen schon allein eine Qual ist, abgesehen von seinem völligen Unvermögen in der Farbgebung und Gestaltung ...“*

Promenade (1913)